# 包容性
# 领导力

[英]夏洛特·斯威尼　[英]弗洛·波斯维克　著
CHARLOTTE SWEENEY & FLEUR BOTHWICK

胡　凌　译

湖南科学技术出版社

长沙

# 褒评《包容性领导力》

本书援引两位大师丰富而真实的生活经验，对多元化和包容性如何有效操作有着巨大影响。

——斯蒂芬·赛德博顿　渣打银行之企业与投资银行部门全球人力资源总监

本书对多元化和包容性进行了全面介绍，并就如何创建真正的包容性文化提出了务实的建议。我们知道，如果我们的包容性落实到位，诸多多元化的宏伟计划就能随之已继。我曾拜读过一些多元化和包容性研究，言辞令人信服，但在将其付诸实践方面提出建议者则鲜少。弗勒和夏洛特提出了一套明确而务实的方法，让我们所有人都很折服。

——彼得·达夫　国际石油天然气公司多元化与包容性（欧洲、中东和非洲）主管

当今世界，纷争不断，而对于企业来说，此刻同时从内部和外部评估企业包容性领导力正处于哪个阶段，却是个千载难逢的好时机。本书以隽永的故事和深刻的指导将如何推动可持续文化变革的有效方法娓娓道来，非常实用。

——克莱尔·伊格达罗　英帝国高级勋位获得者　独立董事

最后，终于有本书可以同时指导经验丰富和经验缺乏的领导者在其组织内部实现多元化和包容性。从"创设计划"到"业务转型"对许多人来说都是挑战——夏洛特和弗勒从他们的丰富阅历与你分享案例无缝指导你实现这一点。这本书是任何一位想吸

引最好人员并使员工贡献最大化的领导者必读之书。

——萨迪克·赛义德　野村证券前首席执行官

在促进业务多元化和创建工作情境包容性方面，写出在实践中的挑战和机遇，本书作者能力卓著。书中满满务实的前进方式能让你将语言转化为行动。"

——文斯·凯布尔　前商务、创新和技能部长

# 关于作者

**弗勒·波斯维克　英帝国官佐勋衔获得者**

在过去的 15 年里，弗勒一直在多元化和包容性领导领域工作。目前，她担任安永会计师事务所（世界四大会计师事务所之一）欧中非区多元化和包容性部门负责人，该部门下辖欧洲、中东、印度和非洲 99 个国家约 10 万人。她在这个多学科交叉的大型矩阵型公司中的主要作用是制定、推动和嵌入一套多元整合战略。

在加入安永之前，弗勒在投资银行业从事优才工作、多元化与包容性工作长达 18 年。她目前的工作重点是利益相关者参与度专家咨询、变革管理和市场品牌发展。

弗勒是这一领域大型会议演讲常客，研究论文发表人和研究项目参与人。2013 年她获颁英国女王授予的不列颠帝国勋章（Order of the British Empire）之"官员勋章"（Officer of Order），以表彰她对工作情境下多元化和包容性的贡献。

**夏洛特·斯威尼**

夏洛特在多元化和包容性领域工作了超过 15 年，是"创造包容性文化"计划的推动者，该项目旨在推动跨城市包容性的可持续变革。她还拥有自己的精品咨询公司，为不同行业的公司将多元化和包容性（D&L）纳入商业战略提供建议。她是英国中约克郡国民健康保险信托公司（NHS Trust）的副主席，曾领导众多零售和投资银行领域的跨国公司的多元化和包容性工作。

她为当时的国务卿文斯·凯布尔博士领导了一项引人注目的独立审查，同时还共同领导了伦敦金融城市的开创性项目"多元化的力量"。她还担任了超过 6 年的英国政府顾问委员会（UK Government Advisory Panel）副主席。

她因推动妇女经济赋权而得到国际妇女联盟认可，并名列《经济学人》全球多元化排行榜前 50，列入全球多元化专业人士榜单。2016 年，她获北方权力女性计划（Northern Power Women）变革型领袖人物提名，跻身权力排行榜前 50 名。

她是电视和广播（如天空新闻台，BBC 第五直播电台和英国独立电视台）（SkyNews，BBC radio Five Live，ITV）专家型嘉宾，还常作为主旨演讲人演说或在这一领域发布研究性作品。

## 出版商致谢

感谢诸位允许我社使用以下版权材料：
图 3.1 改编自"团队发展阶段"图，转载自（Alan Richter）；图 13.1 转载自大卫·松本（David Matsumoto）博士。

# 序

在我的一生中，我亲眼目睹一个人天赋爆发并得到妥善培养的重大意义，这个过程与这人的教育背景，家庭出身，性别特征，种族身份或其他与他们身份建构的因素无关。

我在英国西约克郡的一个社区里长大，曾经差点误入歧途，步入另一种人生。使我改变的是来自老师亲友们的鼓励，因为他们看到了我能够进一步发展的潜力。

我少时在新教和天主教两个社区的边界处长大，这里也是工人阶级和中产阶级的分界线。因此，我很清楚多元化更关乎一种心态而非某些实物。时至今日，人们仍信奉学术至上的理念。显然，它只是成功的一部分。直到十几岁时，我才发现，人群之间真正的"流动性"来源于对多元社群生活方式的了解和学习。

多元化遍及整个社会，它带来的新鲜感和可选择性视角应该受到鼓舞和欢迎。我们都是不同社群中的一员，如：财富、宗教、种族、性别、心理能力、社会利益、教育背景等。值得争议的是，举的几个例子中，就有两个最大的部落与性别有关。

个人而言，我正是通过自己的半职业体育生涯才真正发现了多元化力量的强大。我的体育生涯跨越了地理和社会阶层的多个社群。大学时，我曾和三个苏丹人合作过（其中一个是马赫迪的直系后裔），当我在国际商用机器公司（IBM）开始工作时，我的老板还是一位印度公主的儿子。

除了多次被强调的物质和文化的差异性，我一直在寻求思想的多元化。人人都有内在的潜力，不幸的是，对于一些人来说，这样的机会并不明显，甚至还存在阻力、障碍和偏见，且不容易应对或克服。对个人来说，这不仅是不幸的，对一些公司和经济体来说也是毁灭性的，因为它们没能从自己拥有的优秀人才那里真正受益。

在我的整个职业生涯里，这就是为什么我一直是多元化与包容性的巨大支持者和倡导者。对我而言，这不是一个倡议、慈善或公益，而是每个管理者和领导者的基本责任，也是公司负责人的基本责任，在某种程度上，这是每个人的责任！

我在国际商用机器公司（IBM）工作了相当长的年份。从一开始，我对工作对象和同伴的选择就是基于他们是谁，而不是他们的职务是什么。根据我的经验，不同个性的团队在一起工作要比"克隆人"团队好得多。在我担任国际商用机器公司（IBM）英国首席执行官和国际商用机器公司（IBM）欧洲、中东和非洲主席的十年中，这个话题并没有得到社会或企业应有的关注，因而对多元化与包容性（D&I）计划推动的阻力和反推力都非常大。然而，我决心要成功。大约16年前，英国国际商用机器公司（IBM）公司是欧洲女性成就奖的首发赞助人，也是全体女性团体的首发赞助人。今天，我仍然担任全体女性团体创始人大使和导师。我们也都曾是"石墙"①、非洲加勒比网络和其他公司的首发赞助人。

基于国际商用机器公司（IBM），我们想传达的是：我们提倡公司里所有的员工都可以"灵活"地工作，努力应对今后在平衡工作时间上所面临的挑战。我们重新修改了管理素养要求，使其

---

① 同性恋公益组织——译者注

更具性别友好。我还向欺凌性和攻击性管理风格宣战。我相信，面对偏见性的思想和行为以及创造更加包容的工作场所存在的障碍，无论在言语上还是精神上，此举都是主要的出路。

在我们不断变化和联系日益紧密的世界里，寻找多元化的人才，寻求不同的观点和视角是企业立足之本。而创造一个让员工感到舒适的环境也同样重要，在那里他们可以自由地分享自己的看法，借鉴他人的观点，不用担心歧视或偏见会蔓延开来。谁又会为一个不重视自己独特想法，才能得不到足够的空间和机会去施展的公司尽力呢？

过去的几十年里，我们已经走过了一段很长的路程。如今我坚信，在多元化与包容性的旅途中，我们已经达到了里程碑阶段，一些公司更加关注本质而非表象。是的，我们已经走了很长的路，但我们走得还不够远，变化的步伐应该更快，我们需要不断地学习和评估哪些有效，哪些无效，我们需要与我们公司的各级同事进行互动和协作，我们需要将我们的口号转化为可证明的、有影响力的行动。

我很高兴夏洛特（Charlotte）和弗勒（Fleur）将他们的重要知识和经验汇集在一起给大家分享，让你明白我们是如何以更可持续的方式实现这一变革。这也将使你能够在实际和合理的时间范围内实现变革。无论你是首席执行官、多元化与包容性的践行者，还是在一线向客户提供服务的同僚，他们都能为大家提供明确的工作指导。

这本书充满了实用的技巧和见解，供你消化并帮助你付诸行动——他们不是手把手教我们（如许多其他书籍所做的那样）如何创造一个大家都渴望实现的可持续的多元化与包容性环境，而是无缝地列出了所有的考虑因素，无论你从何处开始启程或公司多大规模，都需要考虑这些因素。他们也会分享自己的一些个人故事和经验。

如果你认真考虑建造一个多元化与包容性的工作场所；如果你认真考虑在整个公司内实施从同事到客户，从利益相关者到供应商的改革；如果你真的想成为一个伟大的商业领袖，以及其中的任何人；那么这本书就是你的权威指南。

拉里·赫斯特(Larry Hirst)大英帝国司令勋章(CBE)获得者

IBM EMEA 区域前任主席

米蒂集团(Mitie Group pic)高级独立董事

ARM 控股公司独立董事

全体女性和英国黑人企业团体大使

# 目　录

# 引　言

　　所有公司都以完美的设计来实现其当下的结果。如果我们想要不同的结果，就必须改变我们做事的方式。

——汤姆·诺瑟普　作家和领导力大师

　　二十多年前，人才管理方面的"多元化"这个术语初被提及（"包容性"理念则未在其列）。对于许多践行多元化和包容性（D&l）理念的管理者来说，他们往往是在屈指可数的情况下参与到原本由人力资源部门负责或是企业责任范畴的事务。

　　当时，人们几乎不会顾及所谓的"政治正确"，因此某位经理在给人力资源部总监发招聘信息简讯时，往往会提示"鉴于本部门已有两位员工休产假，故谢绝育龄妇女"，此类事件屡屡发生。

　　招聘机构也支持这种招聘中的职场刻板印象。弗勒还记得，有一次一位会计事务专家说他更倾向于招纳亚洲求职者，因为他们更精于计算！夏洛特也想起与一位分部经理的对话内容，该经理认为35岁以下的员工不可能给客户带来任何价值，他说，"在职场中，你的老练需要时间来打磨"。

　　总的来说，这种明显带有偏见的对话在很多领域已不复存在，但这并不意味着，作为个体，我们不会时不时的在内心深处产生相似的想法。此外，多年来，多元化与包容性（D&l）的发展早已不仅限于人才管理，在业务运营的诸多方面都有显著影响。

　　有一点是肯定的，多元化与包容性（D&l）这个词越来越多地成为大型企业中日常商业语言的一部分，并且在中小型单位的使用也越来越频繁。因此，在本章中我们将介绍多元化与包容性（D&l）的具体概念，并阐明它为何如此重要。我们还将介绍谁可以从本书中获益，以及我们所分享经验的价值所在。

## 什么是多元化和包容性？

行文之前，区分多元化与包容性（D&l）二者定义至关重要。其原因在于多元化（D）以及包容性（I）在不同语境下有着不同的含义。但是我们常常将多元化与包容性视为同义词替代使用。实际上，他们都是在人才管理这个大拼图的一部分，但本质上并不相同。

多元化关乎每一个人。

每个人都独一无二，观点也不尽相同，因为每一个人都有自己独特的生活经历，文化程度，学习风格，个性，教育背景等。出于这个原因，对人的刻板印象往往都是一种误导，例如：女孩容易哭，男孩更擅长科学，老年人不能学习新技术。我们一个又一个人组成了这种丰富的多元化，而通常这种情况又十分自然。

而真正的挑战是让这种组合有效运作，这就需要包容性的帮助。

包容性就是创造一个每个人都能展现自己的环境，让他们能够提出自己的观点，并且这些观点会得到大家的重视。

我们可以引用美国作家和多元化与包容性专家维尔纳·迈尔斯（Verna Myers）的一句话来鲜活地区分多元化和包容性的不同之处，她说："多元化就是邀请大家来聚会，包容性则是在聚会时受邀与人共舞。"

虽然我们将在本书的后面更详细地讨论术语，但现在我们必须讨论"平等"和"包容性领导力"到底是什么。这些术语会与多元化与包容性一起使用，从一开始就理解这些差异就格外重要。

在多元化与包容性管理理念兴盛之前，很多公司的关注点是"机会均等"或"平等"上。多元化与包容性这最初是由立法要求和引入法律的期望所驱动。1975 年在英国实行的《性别区分法》是其中一个例子。

在英国，"机会均等"被定义为"不受歧视地享有待遇的权利"，而"平等"被定义为"地位平等、权利平等以及机会平等"。

"包容性领导力"是在多元化与包容性管理中使用的另一个术语。一个包容型领导者具备以下特质：他知道自己的处事风格，明确自己的世界观，允许甚至乐于倾听别人的观点，并能够与许多不同风格的人合作。我们将在讨论"包容性领导力发展"的章节中（见第 13 章）中更详细地阐述包容性领导力。

以上几个术语容易混淆，夏洛特用以下例子进行了区分：

"平等"就是被邀请到谈判房间，"多元化"就是在谈判桌上占有一席之地，"包容性"则是分享你的观点并被重视。而一名包容性的领导者则能够促使这一切正常开展。

## 为何如此重要？

在某种程度上，公司的目光开始投向多元化和包容性的原因众多，绝不会只有一个。一方面是新立法的颁布，例如中东国民的配额立法以及英国对性别工资差距进行公开的立法等硬性要求；另一方面可能是员工对公司满意度以及敬业度每况愈下。你可能就会为了超过同行以及抢占业务资源采取必要策略。而对多元化和包容性关注的最好原因应该是你以及你所领导的团队发掘多元化领导的价值所在，并乐于看到多元化领导如何在公司运行中发挥的作用。

纵观变化万千的世界，我们无法通过历史来预测未来。就在十多年前，谁能预知今天变化成以下这个样子呢？

- 世界上最大的出租车公司将不拥有出租车（优步）。
- 最大的住宿提供商将不拥有房地产 [爱彼迎（美国短租平台）]。
- 最大的电话公司将不拥有电信基础设施（SkypeAA/eChat）。
- 最受欢迎的媒体公司将不会创建任何内容（脸书）。
- 世界上最大的电影公司将没有电影院（飞公司）。

当我们专门研究我们在公司中看到以下变化时，变革的理由是引人注目的：

- 在美国等许多国家，女性占总消费量的 85%。
- 麦肯锡的研究发现，秉承多元化和包容性理念的员工工作效率提高了 12%；员工辞职率降低 19%；团队合作度提高 57%；团队忠诚度提高 42%。
- 德勤（Deloitte）发现，在多元化和包容性水平较高的情况下，企业业绩提高了 80%。
- 均富会计师事务所估计，在美国、印度和英国三个市场的 1050 家公司中，仅由男性担任董事的机会成本约为 6550 亿美元。

- 在一项全球研究中，彼得森国际经济研究所（Peterson Institute of economics）发现，董事会中 30% 的女性代表可以使公司净利润增加 6%。
- 人口老龄化表明，许多国家的平均年龄都显著上升。例如，英国的平均年龄在 2015 年创下新高。
- 2015 年，世界经济论坛（World Economic Forum）估计，实现男女同酬需要 118 年。
- 根据 LGB&T 质量认证机构对工作场所的评级，美国 20 所大型公司中有 14 所公司人权平等指数评定为 100 分。
- 超过 10 亿人口有某种形式的残疾，这相当于占世界总人口 15%。由于人口老龄化和全球慢性疾病的蔓延，残疾率正在上升。

以下更加详细的事例将说明变革的重要性，以及促成公司变革的不同因素。

## 法律法规

有时你需要对新法规做出回应，即使在多元化与包容性的氛围下，公司内部长期存在的不满情绪会触发矛盾。往坏处讲，一个媒体大肆渲染的劳资裁决同样能引发高度关注，公司因此可能会遭受大笔财务损失。

弗勒回忆起很久之前，英国有一位资深职场女性在性别歧视案件中胜诉。庭审中，该女性经理和公司人事部门的一系列沟通电邮作为部分呈堂证供，随后由媒体公布于众。这些电邮不仅带有贬义，还体现出公司管理层冷酷无情的一面。一封内部电邮的标题尤其令人恼火，标题上写着"她得了癌症，真棘手，能不能开了她"？

大约十年前，借力于当时员工关系经理的推动，安永在英国开始关注残疾员工问题。该经理注意到很多残疾雇员抱怨难以获得合理的工作调配。为此而成立的工作小组一开始贯彻高度务实的作风，利用信息技术和作业疗法部门支持，集中力量围绕申请流程对残疾雇员开展帮扶工作。

在德国、法国和西班牙等一些国家，设立了残疾人就业配额制度；南非有黑人经济振兴法案（Black Economic Empowerment）；在中东，如果你的雇员未满足本国公民的配额，意味着你为外籍雇员办理工作签证会难上加难；美国有平权法案（Affirmative Action）。在本文撰写期间，已有超过 12 个国家的政府为公司董事会中的女性成员设置了最低数量标准。

## 竞争者活动

对于一些公司而言，他们对多元化与包容性的关注是由其竞争对手的活动来催化的。这些公司不进行自我剖析找出问题症结，反而去看行内其他公司在关注什么，然后要么随波逐流，要么推出稍微好一点点的初创计划，或是派出一位规格更高一点的代表在会议上发言。尽管这听起来无关紧要，但这是需要慎重考虑的问题。如前文呈现的一些关键事实，若你的竞争对手从多元化和包容性理念中取得更多成功，他们团队表现会更加抢眼，创造出更具创新的产品，在市场中分到更大一杯羹。

## 领导力视野

理想情况下，公司眼里不应只有法律法规或是一心寻求竞争优势，但这些确实是起点。对多元化与包容性理念的关注往往是由一位高瞻远瞩的首席执行官（就像巴克莱集团（Barclays Group）最开始那样）或是一位才华洋溢的负责人（比如人力主管）来引导的。弗勒曾就职于安永公司下的多元化与包容性职能部门，该部门正是这么一位天才领导者新企业战略的一部分。如果多元化与包容性只有一个主要的发起人，这可能会导致不利的一面，这些不利包括：（1）多元化与包容性被视为一个因领导个人喜好而非业务需求开展的项目；（2）多元化与包容性无法引起他人理解和共鸣；（3）如果发起人离职，公司对多元化与包容性的投入日渐减少。

## 采购要求（RFPS）

一家公司须满足恰当的条件方可获得业务资格，这种情况比较少见但是并非闻所未闻。在南非这是商业惯例，公司能否失去或者争取特定业务可能取决于该公司高层职位中非洲黑人数量。2008年经济危机之前，英国私营产业内曾推行过采购流程中应包括多元化要素的做法。

弗勒记起一次参会经历，会场有一位看起来浑身不自在的男性。在和这名来自某工程公司的男性沟通后得知，他是被派来参与关于所谓的"多元化理念"培训会议。因当时公司正在竞标政府很多采购业务，而此前就了解到需要对政府多元化与包容性议题表示支持。他们公司清楚地明白，失去政府采购业务，也就可能失去了数百万英镑的商业机会。

业务团队人员构成也要体现出多元化。人员单调的团队通常显得格格不入。比如，若你们公司由五名白人男性组成，相比于一个既有男性又有女性，且首席财务官还是黑人的团队，显而易见你的公司人员架构上明显缺乏多元化。我们并非建议你单纯地把多元化作为组建团队的基础。团队成员利用各自的技能和经验，并且做出工作成效，这才是最重要的因素。但是，这一理念被越来越多的若干行业和地区所接纳，这也是值得考量的。

## 客户/消费者需求

本章前面提到竞争对手的活动会对公司多元化与包容性产生影响。另外一个公司关注的外部影响因素就是消费者预期。

例如，在美国，从汽车到医疗保健，女性消费占总消费的85%。对于公司而言，了解消费者人群构成以及消费者购买意向，这才是明智之举。关于在市场中充分利用多元化与包容性的话题，我们会在第19章节展开更详细的讨论。

如你所见，多元化与包容性有着举足轻重的地位，理由不胜枚举。任何一家公司若忽视多元化与包容性的作用，忽视这个日新月异的世界所带来的影响，其处境则令人堪忧。

# 这本书写给谁？

撰写本书时，我们对这本书的目标读者进行了长时间的考虑。我们最初的想法是，从小型企业到多国共营的跨国公司，在任何类型或规模的公司中工作的每个人，都应该了解多元化与包容性的影响以及如何在他们身边创造更多元化和包容性的氛围。

然而，将一本书定位于所有人群，定位太高。因此，本书将特别有益于以下群体：

- 想要得到团队中最优人才的各级领导和管理人员。他们希望通过增加参与度，招聘和留住最优秀的人才。
- 预计某些形式会发生改变的人力资源专业人士。除了"白天工作"之外，他们可能已经获得了多元化与包容性职权范围，或者对这将如何影响他们现在和未来的工作感兴趣。

- 现有和新的多元化与包容性专业人员，这是他们的日常工作。他们将会处于他们公司的任何阶段，其对于多元化与包容性的知识和经验也处于不同阶段。
- 正在攻读商业资格证书的学生。

本书可供全球读者阅读，书中分享了来自世界各地的例子，并考虑如何在多个国家和文化中实施多元化与包容性。

我们的愿望是：无论你的角色、资历或行业如何，本书都可用作创建和实施多元化和包容性公司的权威指南。本书采取分享实用要点的方式进行编写，这些要点源于我们数十年的经验，这将带你从多元化与包容性理论转向实际。

## 为何是我们？

本书的创作灵感来源于我们某天晚上的一次对话。我们谈及亲眼目睹的多元化与包容性项目发展缓慢，同行之间方法不一致，以及多元化与包容性领导者们缺乏技能和经验的情况。我们都在行业内指导着多元化与包容性的专业人员，他们都想做出改变，但只是不知道如何去做。正是在这个阶段，我们决定汇集我们30多年来的集体知识和实践经验于此书之中。

再分享下我们的背景以及我们是如何开始我们的写作的。夏洛特（Charlotte）职业生涯中有大部分时间都在她工作的全球零售银行的晋升阶梯上步步高升。她从后台办公室做起，逐步发展到销售部门，然后推动银行内部的第一个文化变革项目。这是一次既有趣又可怕的经历，因为她被要求领导一场文化变革，涉及人才议程的大部分方面，从年度评估到绩效管理、目标设定和基于绩效的薪酬。

至此，夏洛特和各级领导工作的激情形成了。她相信行为的微小改变可能并且也确实会给个人和团队的表现带来巨大影响。

对夏洛特来说，关注多元化与包容性的催化剂是她工作的零售银行新任集团首席执行官的到来。他大部分职业生涯都是在加拿大度过的，刚加入时，他对总部办公室缺乏多元化感到震惊又沮丧。首席执行官十分认真的对待此事，并成立了包括夏洛特在内的14人团队来领导从管理到市场营销、从个人客户到团体客户等各方面的业务。他们的全球战略在伦敦金融城（City of London）总部受到了热烈欢迎，并迅速成为其他公司效仿的蓝本。

弗勒（Fleur）的大部分职业生涯也都是在银行业度过的。近来在一家美国投资银行工作，负责资本市场部门的人力资源。她的主要客户是股东、固定收益销售人员以及交易员。她每天大部分时间都在交易大厅里与雄性激素分泌旺盛的大男子主义男性打交道，他们唯一的目的就是赚钱。她做人力资源的激情，除了有效运行日常流程，如表现管理、招聘和奖励以外，还有让她的管理者们理解与员工接触的价值以及确保每个人都能充分发挥他们潜力的投资回报。

2000年初，弗勒参加了一个领导团队会议，这次会议讨论了她的人力资源主管对纽约总部办公室对多元化的关注程度的担忧。因此，除了日常工作，弗勒承担起了办公室多元化的任务，并且和战略负责人密切合作。她花费数月精力来更好地了解可用的外部专业知识以及她应该如何从内部开始。事实上，在六个月内，她已经陷入了停顿，完全被挑战所淹没。例如，其他人普遍缺乏对多元化的概念、不一致的数据、对优先事项的不同看法以及对人力资源的总体感受都是他们只是太忙了，没有时间再做一件事。最终他们确实推出了一项策略，这使她成为欧洲多元化与包容性部门永久负责人。但回顾一下，若一开始便有一个指导说明应该做和考虑的事情以及不应该做和考虑的事情，那将会十分有帮助。

## 进一步想法

你们中一些人，可能很想知道从哪入手这个主题以及它是否值得你投入的时间。对于其他人来说，你可能已经正在旅途，但却希望寻求一些新的想法或方式来将你的工作提升到一个新的水平。凭借我们两个 30 多年经验的结合，我们相信，无论你在哪个阶段，我们所提供给你的都是制定和执行可持续发展的多元化与包容性战略的权威指南，不管是在地区、国家还是全球范围内都可以实现。

当然，这需要注意的是，任何规则都不可能放之四海皆准。

我们希望这本书能给你一些启发，给你一些可能会改变你思维的瞬间，以及许多来自世界各地的实用主义见解。但是，请记住，我们的想法和观点需要一些定制化，以适应不同的行业、文化和地区，以及你在多元化与包容性旅程中的位置。

在这本书的结构上，我们的目标是满足有不同兴趣的读者。我们使用我们自己的 STAR 框架作为主要结构，并将重点放在多元化与包容性旅程中可能面临的关键问题上。我们还深入探讨了诸如网络、新的工作方式和全球议程等令人感兴趣的特定主题。要是本书对你有用，你可以随意翻看本书，一页一页看或者反复看你感兴趣的各种主题，这都是可以帮助你的。

我们希望你喜欢读这本书，并祝愿你在创造更加多元化和包容性的文化方面取得成功。

# 第一部分

开始启动

# 何为"开始启动"?

唯一不变的是改变。

——赫拉克利特  希腊哲学家

在本章中,我们考虑的是你开始时可能会问到的问题。我们会引入一个框架来帮助你定位自己在多元化与包容性变革中所处的位置,并使用一些多元化与包容性的术语来解释这个框架。

## 开始启动

创新变革并非易事,它确实是企业中一个难得可以创设一种在工作场所鲜少见到情感冲动的方面。虽然许多多元化与包容性项目的定位是为了能够改变公司内的文化和结构,但实际上并没有围绕它们而改变管理原则。这些项目的主要内容大多数是将一些倡议、一些自成单元的行动计划和结果可期的准则汇总起来,提交给执行委员会或多元化指导小组,以期有所改变。

这就是为什么许多多元化与包容性项目没有对企业或部门内的个人产生预期影响的原因之一———所开展的许多没有指向性或孤立活动影响十分有限。

我们可以从伦敦的"多元化力量"(Power of Diversity)计划中看到证据,该计划是费欧娜·伍尔芙爵士(Dame Fiona Woolf CBE)在2013—2014年的伦敦金融城市长任期内发起,夏洛特代表费欧娜爵士开发并执掌该计划。计划执行后,在金融城开展了一项全面调查,探索围绕多元化与包容性议程的所做的努力和付出究竟产生了哪些影响。超过 84% 的受访者表示,他们企业最高领导层承诺过要创建一个更具多元化和包容性的公司。然而,87% 的人表示,企业方的举措对他们个人没有影响,只有 15% 的人表示,他们能看到企业领导人的话语被转化成了行动。

2008 年,麦肯锡(McKinsey & Company)对企业高管进行的一项调查显示,只有 30% 的变革计划取得了成功,这与哈佛商学院(Harvard Business School)领导学教授,商业、领导力和变革领域的著名思想领袖约翰·科特(John Kotter)的研究结果完全一致。

所以,即使你打算低调地进行多元化与包容性改革,我们也会敦促你以一种变革的心态来定位你的重点和活动。并非所有公司都认为多元化与包容性方法的实施推动了根本性变革,但这种变革将影响企业的方方面面。一位多元化部门的负责人在一次谈话中对夏洛特说:"这根本不是为了变革,不过是为了创造很多炫目的社交活动,让人们可以拿来炫耀而已。"弗勒还记得在伦敦金融城(City of London)的一家银行和一位多元化与包容性部门主管的一次谈话。他在这个职位上还算是个新人,正试图了解这家银行拥有哪些员工社交网、员工的活跃程度以及他们的主要目标是什么。他有些沮丧地发现,他们部门的主要工作目标不是专注于员工职业发展或与市场上建立关系,而是更关注为社交聚会提供的各种酒水饮料——他形容他们的做法是"香槟一大堆,实质全没有……"

首先,不管你的出发点在哪里,作为初始发起人,请务必考虑以下几个问题:

- 你所在公司的品牌在市场上的认知度如何?你们公司受人尊敬吗?你们觉得吸引人才很容易吗?你在广告中使用的

图片是否多元化？你的网站是否可以访问？

- 你们的招聘工作有多成功？你们的接受率高吗？新员工是否安顿得很好？他们在职期间是否像你在招聘阶段预测的那样成功？
- 你的绩效管理流程是否没有偏见？你是否因员工有明智的目标而满意？并能以此对他们进行了适当考核？
- 你知道你的高潜力/有才华的员工都是谁吗？你是否有效地培养他们并为他们提供拓展性任务？
- 你知道你的员工之间是否有工资差距？如果有，差距是什么？为什么这么设置？
- 你的员工福利是否适合人人都可以享有？
- 你的采购流程是否设置了阻止少数民族企业投标的规则？
- 你是否正在开发最具创新性的产品或解决方案？你是否了解整个潜在消费者市场的需求和动机？

如果你试图同时解决以上所有问题，你将会为自己的失败埋下伏笔，尽管它们是你开始这段旅程的一个良好的初始指标。

## 介绍 STAR 框架

我们相信，无论你的公司规模是大是小，无论你拥有资源是多是少，你都可以做很多事情来确保你的员工队伍多元化，以及你的业务和人员流程具有包容性。

我们已经建立了 STAR 框架(图 1.1)，以帮助你确定你在旅途中的位置，并考虑你想去哪里。STAR 的缩写代表：

S＝开始启动
T＝迈开大步

A = 实现变革

R = 获得回报

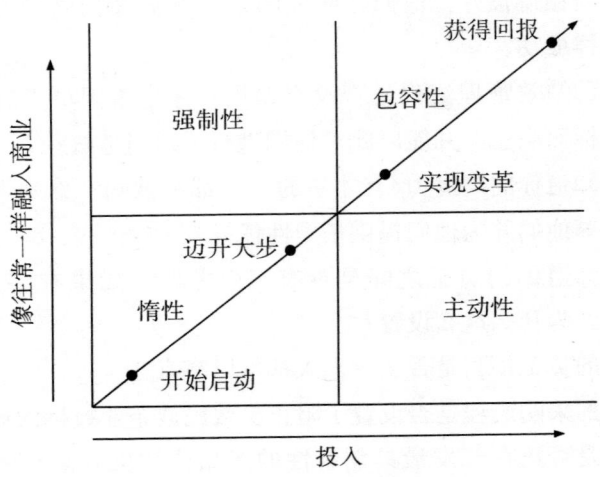

**图 1.1 STAR 框架**

这个模型根据你所在的公司所处的位置,绘制出旅程的每一个阶段都适合的图景:

- 整个公司内的同事之间保持沟通的程度。例如,业务案例是否清晰阐释? 你的经理们在日常活动中对多元化与包容性的考虑程度如何?
- 公司内业务相互嵌入的程度。例如,考评指标的可信度,如优秀人才调查结果的可靠性,或这是否是你供应链中的一个考虑因素。

这将使你专注于如何在你的旅程中前进到下一个阶段,创建一个更加多元化和包容性的公司,并阐明你的愿望。你还会发现,每个象限的特征是:惰性、主动性、强制性和包容性。

**第一象限:**低参与度和低融入度会导致惰性——单独的小型活

动,一旦参与者离开公司或失去兴趣,这些活动就会歇止。比如,某个人或一小群人建立了一个纯粹由志愿者领导的员工社交网,且无论是经济上还是其他方面都没有得到公司任何支持。那些参与者可能会因为得不到保证而变得疲倦和失望,最终选择不再付出努力来维护这个社交网。

第二象限:高参与度和低融入度——由某些非常投入的个人推动的许多启动式计划和活动很可能导致活动之间脱节,且对公司业务没有真正的影响。举个例子,一个公司成为一个全国性或全球性运动如 HeforShe(这是一个由联合国妇女署发起的性别平等团结运动)的成员。看起来他们似乎是在致力于多元化与包容性活动,而实际上这个活动是面向外部的,目的是提升品牌形象,而与任何内部战略驱动无关。我们在过去就看到了这一点,当时银行能够特别迅速地为多元化与包容性的活动提供大额赞助,但在银行内部却无所作为。

第三象限:低投入和高融入度将导致强制性改变——这些变革是由业务部门做出的,但却没有将公司内的员工带入。这可能招致不满的情绪,员工认为这些改变是针对他们做的而不是带着他们一起变革。还有可能招致一种感觉,即一些员工感觉其他人群受到优待却不能真正了解优待的理由。比如,一些公司制定带有明显目的的决策,如制定高级职位上女性的人数时,在整个决策过程中,都没有说明决策理由也没有征求同事的意见。对于许多人来说,他们听说这件事的渠道来自公司外部。

第四象限:高参与度和高融入性——这是包容,这样活动被融入到企业所做的每件事中,企业绝大多数员工都参与其中,并且他们理解为什么需要变革以及变革将如何发生。这是我们最终寻求的文化可持续变革。举个例子,公司在进行任何新项目或过程时,都会自然地考虑多元化与包容性的含义和影响。也许公司正在制定一项新的人员流动政策，他们从一开始就下意识地考虑部门之间文化差异的影响，以及流动的个人及其家庭开始可能需要的支持水平。

你会把你的公司放在从"开始启动"到"获得回报"连续进程上的哪里呢？

你认为你的公司目前在第几象限内呢？你有什么证据来支撑呢？

以上可以通过一组指标来衡量，这些指标可以根据你所在的公司进行调整并且告诉你的定位，以及你到达第四象限所需要做的事情。STAR框架的测量工具示例可在"评估影响 变现收益"一章中找到（见第17章）。

你们之中刚开始这段改革的人可能资源不足（包括人员和预算），也有可能会被所有潜在的关注领域所吸引，更有可能你只是想知道应该关注的关键问题是什么。有些公司只想推动少数几项举措，例如建立妇女社交网，明显地突出该群体在公司文化上有多元化与包容性领域的可见性；其他公司会把这视为一个从根本上改变其公司员工管理和业务流程管控的机会，他们能体会多元化与包容性的真正力量，并能从中获得回报。无论你的动机是什么，有一些基本的初始步骤是每个人都应该采取，我们将在接下来的章节中介绍这些步骤。

## 掌握多元化与包容性的相关术语

尽管我们不想在这方面花太多的时间，但还是有必要讨论一下这本书中使用的相关术语。人们在这些专业词汇上颇有争论，比如，"多元化与包容性""多元化与包容""包容性与多元化""平等"等。但是我们认为只要你能了解他们的组合使用并注重执行就好，具体是哪个术语关系不大。

本书有时候涉及一些特定的多元化群体，例如，女性群体，黑人群体，灵活就业工人。但我们并不是说每个群体中的人都是一样的。正如我们之前所说，每个人都不一样。

此外，你工作范围可能遍及全球，我们也了解某些术语在不同的国家有不同的含义。例如，美国人把黑人称为有色人种，而英国人则直接称之为黑人或少数民族（BAME：black and minority ethnic）。在德国称某人为少数民族与在印度或非洲谈到少数民族是截然不同的。在日本，"多元化"这个词没有一个与之相匹配的翻译，在一些国家也没有"包容性"这个词。

在进行多元化与包容性变革的早期阶段，雷曼兄弟联合资助了英国的一次 LGBT（女同性恋、男同性恋、双性恋、变性）组织会议，他们的领导力团队成员因此获得了一个发表主题演讲的机会。这位演讲者和一位资深政治家同台演讲，尽管弗勒已经向他介绍了这个会议所涉话题的所有情况，但仍然担心他口不择言。那天他说得很好，并且演讲很受欢迎。但是演讲者逐渐放松，出于某种原因竟然跑题了并且谈论到了"残障人士"（而不是残疾人）。活动结束后，弗勒对组织者说，她不希望这些演讲者再被邀请参与类似演讲。而组织者回应，重要的不是措词而是措词背后的意图，很明显，发言者的意图是善意的。

基于本书中所涉范围，会在书中讨论少数民族，尤其是黑人和少数民族（BAME）人群。我们将使用"残疾人"这个词（尽管"残障人士"这个词也有其他国家使用，比如法国），我们也会谈论同性恋，女性,甚至不同代人如 Y 世代和 X 世代的可塑性等(从最广泛意义上来说),在本书靠后的章节中,我们还会谈到目标人群、人群配额以及积极差别待遇之间的区别。

我们不希望这本书成为多元化与包容性领域工作时可能用到所有术语的单词书。考虑到全球环境和语言使用的持续发展,这本"单词书"也是不可能创建的。本书主要考虑的是告诉读者们在哪里有可以访问的可靠信息源,以及清楚地表达自己的意图——创造变革而不是冒犯他人。

## 本章的五大要点

- 使用 STAR 框架确定你在变革旅途中的位置,并考虑你想要达到的目的。
- 众口难调——我们在分享我们的经验和样板案例,你可根据情况自取所需。
- 计划和倡议本身并不会改变文化。
- 不要太沉迷于相关术语——重要的是术语背后的意图。
- 即使你决定从小处着手,也要从变革管理的角度考虑你正在做什么。

# 评估你目前的处境

变革的第一步是意识，第二步是接受。

——纳撒尼尔·布兰登博士　作家和心理治疗师

当你开始你的多元化与包容性变革时，你要考虑的一个重要步骤是：字面意思；退一步；然后从不同的角度真正了解公司的当前处境。我们已经看到了许多这样的例子：那些冒险踏上创建多元化与包容性变革项目的公司，并没有真正花时间去理解它们的出发点，最终在火急火燎的变革过程中惨遭滑铁卢。

当你开始做一件新事情的时候，你会有一种兴奋和渴望，想要马上开始并投入其中。所以，在这之前，花时间去问问题，真正理解出发点，会大大增加你成功执行和实施的潜力。

在本章中，我们将介绍你需要做什么才能"退一步"，哪些信息可用，以及如何进行分析数据。

## 有哪些有用的信息？

那么，你如何才能真正评估和理解你目前的处境呢？

第一个重要步骤是找出目前有哪些信息可用，以及你需要哪些附加信息。同时获取定性和定量信息将有助于你全面了解你目前的处境。

公司的战略规划和具体活动的覆盖范围将决定在此阶段哪些信息将有帮助。找出有用的信息本身就是一项有趣的探索工作。每个公司都有不同的起点，一些公司可能对其多元化与包容性战略规划或具体活动的总体范围有不同的看法。例如，一些公司仅仅把他们的多元化与包容性工作集中在员工和人才管理部分上。其他公司则重点则更广泛，包括供应商、客户、股东和更广泛社群等业务方面。

下面是一些你可能需要考虑的关键数据和信息的示例。

# 员工

### 1. 员工人口统计数据

在你的公司内，你是否能够通过不同的因素（如性别、年龄、种族和残疾）衡量不同工作级别的员工构成？你能够获得员工的性别和年龄信息，这可能是因为这些数据点通常在与员工有关的其他方面如福利待遇、养老保险中是普遍要求提供的。但是，你可能没有考虑过询问员工比如性取向、宗教信仰等方面的问题。

如果你的工作横跨多个国家，那么这个问题的答案肯定会有所不同，这取决于你目前评估的是在哪个国家的处境。例如，在大多数国家，全球唯一一致可用的数据是关于性别的信息。许多国家起初不愿共享敏感数据，甚至会辩称隐私法不允许共享。在某些国家，同性恋是违法的，因此收集和存储此类数据可能会使你的公司和个人处于危险之中。残疾人的相关数据今天是这样，明天可能是那样，而且在不同国家向人提出这个问题存在许多不便。在种族问题上，如果你是印度裔并且居住在英国，那么无论数据收集过程如何，你可能会被归类为少数民族；但是，如果你是印度裔并且居住在印度，你不会被归类为少数民族。

其中一些问题被施以障眼法,因为你所询问的个人/部门可能对议程感到不舒服,但大多数问题都可以克服。然而,在一些地方确实存在一些真正的挑战,这些挑战会阻止你过多地询问员工的多元化,然后在更广范围内分享答案。

你还需要访问有意义的数据。弗勒记得她在一家美国公司工作时,接到纽约总部人力资源部的电话,要求她帮助确定一些伦敦员工的种族。当时总部没有收集他们的人口统计信息,弗勒解释说她不知道。总部的人不以为然,竟然还建议她从这个人的姓氏猜出来!

花些时间考虑一下,在你运营的不同国家和地区,哪些数据是可用的,哪些数据是可接受的。一些公司试图创建一个列表,列出你在世界各地能要求什么,不能要求什么。这是一个很好的起点;但是,你应该注意,立法和文化上接受某些内容可能会随着时间的推移而改变,这意味着这是一项应该定期进行复查的工作。与你的法律团队一起复查这一点也很有帮助,以确保不损害任何数据来保护要求。

如果你的公司在多个国家运营,这为考虑多元化与包容性行动提供极好的范例,当然这可能需要考虑如何适应当地的需要和规定。我们将在本书后面介绍"全球化思考,本地化行动"的实践。

表2.1显示了可以收集的员工人口统计数据的一些示列。查看一下你目前有哪些可用的信息,以及你希望将来能够监控哪些信息。

表 2.1　　　　　　　　　　　收集员工人口统计数据

| 主题 | 问题 | 选项 |
|---|---|---|
| 基本资料 | 请选择你在哪个部门工作 | 为你的公司列出适当的选项 |
| | 请选择你所在的地理区域 | 为你的公司列出适当的选项，例如：<br>大不列颠联合王国<br>欧洲其他地方<br>美国<br>亚太地区<br>世界其他部分 |
| | 请选择你在公司中的职位 | 为你的公司列出适当的选择，例如：<br>实习生<br>合伙人<br>副总裁<br>执行董事<br>董事总经理<br>高级常务董事 |
| | 你在这里工作多久了 | 不到 1 年<br>1 至 3 年<br>3 至 5 年<br>5 至 10 年<br>10 年以上 |
| 年龄 | 请选出包括当前年龄（以年计）的区间 | 16-24<br>25-34<br>35-44<br>45-54<br>55-64<br>65+<br>不方便透露 |

| 主题 | 问题 | 选项 |
|------|------|------|
| 性别 | 你的性别 | 女性<br>男性<br>其他<br>不方便透露 |
| 残疾 | 在英国,《2010年平等法案》一般将残疾人定义为有精神或身体缺陷的人,这种缺陷对该人进行正常日常活动的能力产生重大和长期的不利影响。根据《2010年平等法案》,你认为你自己是否有与之对应的描述 | 是<br>否<br>不方便透露 |
|  | 你的日常活动是否因为持续了至少12个月的健康问题或残疾而受到限制 | 是的,限制很多<br>是的,有一点限制<br>否<br>不方便透露 |
| 种族和民族 | 你的国籍 | 不方便透露 |
|  | 你来自你工作所在国家的多数或少数民族吗 | 多数民族<br>少数民族<br>不方便透露 |
|  | 仅非英国籍员工回答:你的种族是什么 | 不方便透露 |
|  | 仅限英国员工:你的种族是什么 | 亚洲/亚裔英国人<br>中国,印度,巴基斯坦,孟加拉国,任何其他亚洲背景<br>非洲/非裔英国人<br>非洲,加勒比,任何其他黑人背景<br>混合/多民族<br>白人和亚洲人,白人和黑人,任何其他混合/多种种族背景 |

续表2

| 主题 | 问题 | 选项 |
|------|------|------|
| | | 白人<br>英国人、英格兰人、威尔士人、北爱尔兰人、苏格兰人、爱尔兰人、吉卜赛人或爱尔兰人<br>旅行者,任何其他白人背景的其他种族<br>阿拉伯人,任何其他族裔群体<br>不方便透露 |
| 信仰与宗教 | 你的宗教信仰是什么 | 没有宗教或信仰/无神论者<br>佛教徒<br>基督教徒<br>印度教徒<br>犹太教徒<br>穆斯林徒<br>锡克教徒<br>其他宗教徒<br>不方便透露 |
| 性取向 | 你的性取向是什么 | 双性恋<br>男同性恋<br>女同性恋<br>异性恋<br>其他<br>不方便透露 |
| 社会经济 | 仅限英国员工回答:你于11至18岁之间是否主要就读公立学校或付费学校 | 英国公立学校<br>英国独立/付费学校<br>在英国以外上学<br>不方便透露 |
| | 仅限英国员工回答:如果你上了大学(攻读学士、理学士或更高学位),你是家庭中第一代如此做的成员吗 | 是<br>否<br>我没上过大学<br>不方便透露 |

续表3

| 主题 | 问题 | 选项 |
|------|------|------|
| 婚姻状况 | 你的婚姻状况如何 | 单身已婚/民事伴侣关系<br>离婚分居丧偶<br>不方便透露 |
| 家属 | 你是 18 岁以下一到多名儿童的主要看护人吗 | 是<br>否<br>不方便透露 |
| | 你为以下两种情形之一在照顾，或者提供协助和帮助家人、朋友、邻居或其他人吗：<br>给因长期身体疾病或精神疾病/残疾人<br>因年老而出现问题的人 | 否<br>是的,每周 1–19 小时<br>是的,每周 20–49 小时<br>是的,每周 50 小时以上<br>不方便透露 |

## 2. 员工意见调查数据

如果你的公司有员工意见调查或其他获取员工反馈的方式,那么你能够获得关于员工看法的哪些信息?

如果使用得当,员工调查是了解当前职位的重要信息来源。你可以使用以下几种不同的方法:

- **你提出的问题**:许多公司都在调查中包含一些问题,询问关于多元化与包容性的重要性,该文化是怎样的? 或是员工是否享有尊严得到尊重? 有针对性的问题是非常有用的,因为它们不仅能让你了解当前的状况,而且能够让你评估下一步变革行动的影响,我们将在"评估影响 变现收益"一章中看到这一点。
- **分割数据**:在调查中设置一个环节要求员工分享人口统计数据,这应该可以让你根据不同的特征审查所有选项的回复。

这将使你能够确定不同员工群体对工资和奖励、培训和发展以及职业抱负等方面的感受。举个例子,了解残疾职工相对公司内其他员工群体对职业机会的看法是否会很有帮助?这通常被称为"感知差距"或"包容性差距",有助于确定当前做法对不同员工的影响。

- **自由形式评论**：一些公司会在调查中设置一个环节,让员工能够以文字方式分享他们的观点。这些部分可以针对特定的主题,例如,他们对在欧洲的业务扩张有什么想法,或者他们可以让员工对他们目前所想任何事情的任何评论持开放态度。这确实带来了挑战,因为评论可能很长,而且要花很多时间;然而,也会有一些有益的和重要的意见提出。

以下是一些你看到的公司在员工意见调查中特别提出的问题和陈述的例子,这些问题和陈述可以帮助他们了解自己目前的处境。浏览一下,看看这和你现在问的有什么不同。

- 你对目前的工作有多满意?
- 在目前的工作中,你的工作积极性如何?
- 你觉得自己的工作量如何?
- 你如何向公司以外的人谈论我们作为雇主的情况?
- 你对我们充分利用你的技能和能力有多满意?
- 你对提升工作能力的必需的学习机会有多满意?
- 你对个人/家庭生活和工作任务之间的平衡有多满意?
- 你对基本工资有多满意?
- 你对你的奖金有多满意?
- 你对自己的总奖励计划有多满意?
- 我觉得作为一名员工我很有价值。

- 我可以相信公司会说到做到。
- 我的经理提供我需要的指导和发展，以提高我的业绩。
- 我的经理帮助我处理工作中的压力。
- 我的经理对我公平、给予我尊严与尊重。
- 我的经理使我既能够以满足业务需要的方式工作又考虑到了我的个人要求。
- 员工彼此坦诚相待。
- 良好的业绩会得到公平的回报。
- 挑战权威是被许可的。
- 这家公司待同事以尊严和尊重。
- 我明白工作中机会平等、多元化与包容性的重要性。
- 本公司致力于全面提高机会平等、多元化与包容性。

### 3. 人才管理数据

对我们而言，人才管理是对员工整个职业生涯的一个整体的看法，从你希望吸引个人进入公司的那一刻开始，持续这个聘任时期，直到离职为止。在你的公司内，你能从人才管理流程的不同阶段比如招聘、晋升和离职面谈获得哪些信息？这些信息将帮助你了解员工在每个阶段的哪些情况？

如果你的公司有能力在人才管理过程的各个阶段获取人口统计信息，它将为你提供丰富的知识，让你了解公司内部正在发生什么，以及你的"压力点"在哪里。

压力点指的是数据提示在这一过程某些阶段发生了一些事情，值得进一步调查。例如，一个"压力点"可能是，在某一年获得晋升提名的所有人中，有35%是女性；然而，当年只有12%的晋升机会授予了女性。这个过程开始到结束的显著差异表明，可能有比客观流程更多的因素在起作用,需要进一步调查,以了解为什么会发生这种情况。

直观一点,让我们看看招聘过程中的一个例子,你需要查找的理想数据以及应该问的问题类型。

首先,确定你目前所能够收集的数据并存储起来。其次,确定招聘过程的不同阶段,在这些阶段中,将决定候选人是否进入下一阶段。例如,该过程可能包括以下阶段:

- 通过网络申请接收申请人的求职信和简历。
- 完成在线心理测量评估。
- 参加初步电话面试。
- 参加评估中心评估,这包括多次访谈和实操。
- 确认申请状态——接受或拒绝。

一旦你分解了这个过程的不同阶段,找出你能够在每个阶段收集到的人口统计信息。越来越多的公司在求职程序开始阶段就获取了这些信息,这使他们能够审查在过程的每个决策阶段发生了什么。然而,有些公司可能在个人成为工作人员之前都不会要求提供这种级别的信息。

到目前为止,我们主要关注定量数据;然而,通过定性信息还可以获得潜在见解。你可能已经从你的员工意见调查中得到了一些,还有一些其他获取见解的方法,例如:

- **员工焦点小组访谈**:一些公司定期组织员工聚在一起,讨论哪些措施有效,哪些可以整个企业得到改进。另一些公司则是在遇到具体问题需要解决临时决定开展此一活动。为各级员工创造机会,让他们分享自己的观点,并让他们的意见得到倾听,这对他们非常重要,如果做得好的话,也是你的信息宝库。如何做到这一点取决于现有的资源,要么利用已经建立的反馈结构,询问有关多元化与包容性的问题,要么创建自己的反馈结构。

你应该始终确保任何焦点小组都由一位优秀的推动者领导,并拥有来自公司不同级别、经验、背景等人员的均衡代表。很可能会有一些个人问题和观点被分享,非常有必要让参与其中的人感到他们的意见得到了倾听和尊重。

参与者可能有长期感觉被排斥,在晋升过程中受到不公平的忽视,或觉得自己不是多元化与包容性议程的一部分。例如,公司里可能会有白人男性的反对声,他们觉得自己是唯一没有员工网络的人。弗勒记得,几年前,当她的法国公司宣布他们的十点性别行动计划时,男董事们表达了一种挫败感,因为很明显,现在所有的女性都将以牺牲男性为代价获得晋升。从尽可能多的人那里获得意见是很重要的,这样可以确保你尽可能的具有包容性。

你也可以考虑进行一对一的采访。在一个公司中,中东地区的多元化与包容性主管对沙特办事处的妇女进行了一系列采访,以更好地了解她们在工作场所面临的挑战以及她们制定的解决方案。从当地文化上采访更有效,实际也确实如此。然而,在这些情况下,你听到的只是一个人的看法。因此,领导力团队应用任何反馈时却应该对有多少人提出相同问题的建议应加以警示,且应该匿名客观。

- **领导投入和沟通**:重要的是要了解领导团队对这个问题的看法和观点。大部分信息将从上面收集,但是,了解你的领导在说什么和他们在做什么也很重要。有很多不需要与领导面谈的方法可以做到这一点。例如,通读从你的公司或者从你的领导发送的信息中,多元化与包容性工作是如何定位或被提到的? 浏览一下高级领导会议的议程,这将给你一个明确的指示,他们的意识水平、投入程度以及这是如何融入到他们的日常工作中的。

## 供应商

供应商多元化议程(包括供应链中这些公司的多元化以及他们在公司内为实施多元化与包容性所做的工作)似乎在美国比其他任何地方都普遍,尽管在英国和南非也有一些活动展开。最初的重点往往集中在黑人和少数民族或女性拥有的公司,在一些全球化公司,整个供应商多元化议程在人权议程下的风险评估中被提出。需要考虑的关键领域是:

- **供应商构成**:你的供应链结构是怎样的? 组成你供应链的公司的种类和规模根据你自身的运营规模、所在行业和游戏规则差异巨大。你对你供应链中企业主的多元化有大致的了解吗? 你是否能够获得这些公司运营规模的概况?
- **供应商的活动**:你的供应商在多元化与包容性领域里做着什么? 对于一些公司,如英国政府,对所有希望名列政府优先供应商名单的公司有一个规定:必须阐明多元化与包容性领域的政策以及正在采取的行动。你有这方面的信息吗? 这是你问所有潜在供应商的问题吗? 你是否愿意与那些没有像你一样为多元化与包容性设定相同价值观和承诺的供应商合作?

许多公司都没有这样的信息,即使他们已经进入了多元化与包容性变革之旅,所以如果你是这样的话也无须担心。我们将在本书后面更详细地研究供应商的多元化问题。

## 客户/顾客

对你的客户群体,他们的人口统计数据以及他们对多元化与包容性领域的重视程度有一定程度的了解是很重要的。这可以帮助你确定现在或将来所做的一切与公司业务和业绩挂钩。以下几点对你已经拥有的客户很重要;但是,还应考虑你公司未来想要吸引的客户和顾客。

- **客户人口统计数据**:你持有或有权获得关于客户的哪些信息? 谁是你的客户,你知道在你的整个公司中人口数据与客户的人口数据不同层次上相比如何吗? 例如,他们的高管团队是否由具不同背景和经验的人组成? 他们比你更多样化吗?

- **客户行业和地点**:客户通常希望与了解他们需求的供应商和公司合作。无论客户位于何处,在特定城市、特定国家还是全球,确保你能够理解他们的需求是非常重要的,而相关的文化知识将根据客户的所在地点发挥作用。客户是否希望你遵守特定的法规或全国性的倡议,如苏格兰商业承诺?

- **客户活动**:你是否知道你客户的多元化与包容性工作以及他们对你的期望? 他们是否参与任何外部基准测试? 他们在出版物上有简介吗? 他们的高级领导人是否谈论过多元化与包容性? 他们赢得过什么荣誉或奖项吗? 如果这对你的客户很重要,他们自然会想知道这在你公司重要议题层级结构中所处的位置。他们将在某个阶段(如果还没做),对你们做类似的核查并想知道这些议题在你公司的位置或是否还根本没有!

对于许多公司来说,他们的客户是个人而不是其他公司。你是否知道公司内部提供的概述客户的多元化的市场数据? 一些公司在制定营销策略时会收集这些信息,其他公司可能会通过客户激励机制(如忠诚度计划)获取这些信息。在"用多元化与包容性撬动市场"一章中有更详细的介绍(见第 19 章)。

## 投资者

尽管与多元化与包容性的其他元素相比,这方面的进展要慢一些,但近年来,在一些地区,这方面的进展已经开始加快。特别是在 2008 年金融服务业崩盘之后,股东们现在比以往任何时候都更能在董事会成员的多元化、消除集体思维和人才渠道的多元化等问题上发出自己的声音。

如果你的公司有股东,他们是谁? 他们是否致力于这一议程? 他们在自己的公司内做了哪些来创造更加多元和包容的环境? 当涉及多元化与包容性对公司治理的影响时,他们是否准备好发声?

英国法通保险(Legal & General)和英杰华保险(Aviva)等公司在英国国内越来越多地表达了它们对所持股份公司的预期。美国最大的公共养老基金——加州公务员退休基金(CalPERS)也对参股的公司有明确预期,并定期询问这些公司具体在做什么,还关注公司的员工构成。

就在最近,记者吉姆 • 阿米蒂奇(Jim Armitage)敦促施罗德股东仔细审查迈克尔 • 多布森(Michael Dobson)从首席执行官升任董事长的决定。这一升职动议是为基金经理们提供运营的稳定性和连续性,但阿米蒂奇指出,"为防止群体思维并对管理层实施独立监督,监管规则不赞成让首席执行官变为董事长。此外,当一位长期担任首席执行官的人成为董事长时,他的继任者(这里指的是另一位内部人士)可能很难做好自己的工作。"

## 文化和社区规范

在更广泛的社区中,回顾正在发生的事情取决于你公司的经营规模。对一些公司来说,这可能是一个相对较小的区域,例如一个特定的城市或某个国家内的某个地区。对于其他公司来说,这可能是全球性的。除此,你还需对公司重要的员工群体或客户群体所在的特定国家进行额外关注。从全球的角度来看,其中一些将在"全球化思考,本地化行动"一章中单独讨论(见第 16 章)。

当你审视你的公司所处的更广泛的社区时,有以下几点需要考虑:

- 该社区的文化规范和期望是什么?
- 如果有文化冲突,那是什么?
- 当地媒体对性别代表、LGBT 或种族等问题的报道有多普遍?
- 该地区或国家的领导人对多元化与包容性的意见是什么?他们的社会政策和抱负是什么?

以上是你应该考虑的信息和知识的一个很好的概述,它能帮你明智而全面了解当前的处境。可能还有其他对你所在的部门或公司很重要的信息来源也需要加以考虑。在你可用的信息和数据的某些级别上可能还存在一些对上述内容做出响应的缺口。一旦你知道这些缺口在哪里,就要考虑这些缺口是否足够大,使你必须在这个阶段填补。例如,缺乏这些信息是否会阻碍一个有意义战略规划的制定?

可能一些有价值的信息缺少了,因此找到这些信息就成为战略行动计划的最初实施要件之一。例如,夏洛特曾合作过的一家公司在招聘过程中要求获得多元化数据;但是,他们内部没有技术来保存成为公司员工的聘用人员的这些数据。他们可以看到在招聘阶段发生了什么;然而,在员工职业生涯其他方面都丢失了。公司认为找到这些数据很重要,因此委托开展一次评估,并对其内部技术进行升级更新。

一旦你确信你已经找到了信息的来源,并且制定了一个短期计划来寻找缺失的信息,或者在你的长期战略实施中将其包含在内,下一步就是了解这些信息实际上告诉了你什么。

## 分析你的数据

在这个阶段,你可能有大量的数据和见解。现在,你的任务是筛选所有这些知识,找出关键的数据点,这些数据点能够勾勒出你所在公司内部正在发生什么。这个过程的美妙之处在于,将来自多个地方的信息整合在一起,你可以创建一个翔实的而全面的概述:它将为任何战略规划创建坚实基础,并为阐明为什么需要采取某种行动提供清晰的数据点。

理想情况下,这不应该单独完成。夏洛特回忆说,她制定的最有效的策略之一,是与公司内不同部门举行多次会议,分享最初数据收集过程中获得的信息,并征求他们的看法。我们应该记住这是一个多元化与包容性战略:我们关注的本质是把来自不同背景和经历的人聚集在一起,创造出比我们单独做得更好的东西。贯穿整个实施过程的行为角色模型非常重要,因为它向人们展示了如何以这种方式工作,它可以实现什么,并从一开始就提高了参与度和投入度。

如果可以访问数据,就应该尽可能多地查看员工整个职业生涯的各个方面。例如,一些开明的公司根据职级、保留率、招聘、晋升、敬业度得分、任务安排和绩效排名报告了人口统计数据的结构分化。在一些国家，他们还可以审查同工同酬和弹性工作制。展望未来三到五年，可以帮助你识别趋势，甚至预测未来变化的具体数字，如果你有一个分析团队，那就更好了。夏洛特曾在一些公司工作过，这些公司对员工职业生涯的每一个要素都从多元化与包容性的角度进行了审查。这个层次的分析提供了丰富的信息，可以真正地显示出公司内部对所有员工有效和无效的措施。

几年前，弗勒让她的分析团队使用过去 5 年关于性别的数据，预测如果他们继续做目前正在做的事情，8 年后的数据会是什么样子。研究结果令人震惊。尽管他们做出了一些了不起的成绩，特别是在挽留人才和职业发展方面，统计数据显示，到最后他们将处于大致相同的位置。然后，该团队创建了五种可能加速进度的不同场景。这些都已提交给管理团队，并商定了若干强有力的后续步骤。这就是数据的力量！

夏洛特记得，她曾在一家公司工作，这家公司无法理解为什么45 岁以上的求职者向公司申请工作却无人被录取。在研究数据后，他们发现，绝大多数 45 岁以上的求职者在招聘流程的第二轮都会退出。他们详细地审查了这一部分，发现在这个环节使用的一项测试有年龄偏见，导致了巨大的退出率。在解决了这个问题之后，45 岁以上人群的退出率显著下降。没有这些数据，公司就不可能找到问题的根源。

秘诀是不要被太多的数据淹没。确定你想要达到的目标，然后考虑你需的数据。例如，在大多数专业服务公司，要成为合伙人，你需要一个强有力的商业案例和一个强有力的个人案例。业务案例关注你的技术技能、你的行业经验、你正在处理的客户以及你构建业务的潜力。如果由于某种原因，在你职业生涯的早期阶段，你没有被分配到合适的客户,这可能会成为一个自我实现的预言,导致你也由此不被认为具有足够实力成为合伙人。因此,专业服务公司一个重要的工作点就是分析任务是如何分配的,以确保每个人都能获得有意义的工作经验。许多投资银行也是如此,许多行业未来也将如此。

最后,在这个主题上,不要忘记上面所有的活动都有含义。关键问题是:你将如何利用你的发现?如果答案是什么都没有,那么挖掘这些信息有什么意义呢?

我们两人都曾是银行间多元化论坛的成员,该论坛由投资银行业内的多元化与包容性专业人士组成。美国的银行在获取个人数据方向遇到了挑战。他们认为,分享这类信息可能提高前所未有的意识水平,并引发针对公司的不良行动。

这是一个不对数据进行考察的微弱论辩,但是如果你有公司总部在美国的话,这一论辩仍然有一定份量。我们的理念是,能够突出任何问题,承认它们的存在并专注于改进它们,要远远好过把头埋在沙子里,希望什么都不会发生。如果一名员工最终将你告上法庭,如果你的辩护理由是你根本不知道这些议题存在,那么你的辩护看上去就很苍白了。

当你试图判定信息告诉你什么时,还有一些资源可以支持你(有些是免费的)如何做。以全球多元化与包容性基准为例:全球公司的标准。该基准由朱莉·奥玛拉(Julie O'Mara)和艾伦·里克特(Alan Richter)博士领导,与来自世界各地的 80 位专家小组成员合作创建,以帮助公司确定它们当前定位,并在本章提到的许多领域分享一些好的实践例子。

## 本章的五个要点

- 在开始收集数据之前,确定你想要了解的内容。

- 努力使你的目标与你的商业战略保持一致——例如,你是否在寻求增长;如果是的话,你的招聘职能是什么?

- 整理你的数据和你战略规划的其他部分一样,都是一个过程——把所有的数据缺口都考虑进去,然后决定你可能想要如何填补这些缺口。

- 定性数据和定量数据同样重要——考虑一下你将如何获取这些信息。

- 当涉及数据收集时,一种标准并不适合所有的数据——尽可能获得一致性;然而,这将受到国家和司法管辖区的限制。

# 创设变革依据

当今社会，成功领导者的关键是影响而不是权威。

——肯·布兰查德　作家和管理专家

在最好的时候进行变革并不容易。在没有明确说明变革的必要性、变革的驱动因素或是"火烧眉毛"的状况是什么以及维持现状的风险的情况下，推动变革几乎是不可能的。

在本章中，我们将考虑如何为变革找依据，并将重点放在一些元素上，这些元素确保你能够找到一套强大的和整体性依据。

有多少次你听到有人问"为什么我们需要变革?"我们一直以来都做得很成功? 这是因为变革的理由还没有为提出问题的人清晰地表述出来或是正确的定位。

有些人确实会对要为多元化与包容性找理由感到沮丧，觉得这本就是为了现实对员工的尊重，确保公司内的人才能够最好地发挥作用。

这是一个强大有力的原因，人们很难反驳，但是大多数人会说，他们早已经对员工很尊重了。我们认为，对于一个公司来说，这还不是一个足够强大的理由来推动可持续的发展并导致变革。很少有人会集体反对多元化与包容性领域专业人士希望达成的目标，但人们往往对挑战的深度和广度知之甚少。小心那些告诉你他们完全支持多元化的人——"我爱女人——我可以嫁给一个女人——即使我的马也是母马……"

公司内部所有的变革情况是不同的。但是,通过考虑下面的每一个元素,你正在为你的变革理由构建基础。

## 在你的公司中,过去有哪些举措是有效的?

毫无疑问,这不是你的公司创建的第一个变革案例。从多元化与包容性的角度来看,这可能是第一次;不过,你可以从以前的尝试中学习如何为变革创设条件。问问你的同事,他们认为过去的什么措施是有效的。寻找这个变革案例有效的缘由,确定对公司重要的东西有哪些。它是如何构建的? 推动变革的关键驱动力是什么? 是客户服务吗? 员工敬业度? 法规变化还是别的什么? 通过回顾这些,你将获得有价值的见解,了解创建一个公司能够承认并接受的案例的重要因素是什么。

## 哪个更重要? ——道德、法律还是商业依据

每一个公司都是不同的,影响和激励一个决策者的因素可能对另一个决策者来说并不相同。假设执行委员会或董事会等委员会将对本战略规划和议程的重要性做出最终决定,以下所有三个方面都应该涵盖进去,并要确保你与每个人都进行了接触。

- **道德依据**:简单地说,做这件事是正确的!
- **法律依据**:从法律角度考虑的当前要求,以及可能对未来产生影响的案例法和其他法规。必须指出,这些要求在不同的国家和司法管辖区可能是不同的。
- **商业依据**:这最终将对企业产生何种积极影响,因为其底线与员工敬业度、品牌声誉、股东信心和客户、客户忠诚度有关。这将对支持现有业务策略的实施产生什么影响?

# 让事态迫在眉睫

在你为变革找依据的时候,要非常清楚"为什么是这样,为什么在现在"？迫在眉睫的变革理由对于获得公司的同意至关重要,还能显示出其紧迫性。让决策者抛弃所有幻象,明白变革对公司将会产生的影响以及对迫在眉睫的事态不及时应对可能产生的后果。

最强大和最引人注目的商业依据是与你公司的策略规划相联并且基于你公司内部数据。在安永,弗勒死盯全球性业务战略规划中一个名为"愿景2020"的特定元素。

为了实现这一愿景,安永必须投入表现最好的团队,他们知道表现最好的员工都是敬业的员工。当员工觉得工作很有意义,工作得到认可并有融入感时,他们会非常敬业。许多公司非常重视敬业度调查的结果,并从敬业度和高绩效之间的联系中看到了敬业的真正价值。

他们还从内部研究中了解到,表现最好的团队是最多元化的——女性并不比男性多,正是个好组合。当然,这不仅仅是多元化的问题。我们知道,在团队形成的早期,同质化团队通常可以胜过多元化团队——团队成员彼此非常了解并且如果需完成的是个快速解决方案的话,那就没有时间进行团队建设中经典的"组队、风暴、规范和执行"阶段。一个多元化的团队要管理得很好的话,也确实需要时间去了解彼此,找出最有效的合作方式。开明的管理者愿意花额外的时间,因为如图3.1所示,从长远来看,一个多元化且管理良好的团队是最有效率的。

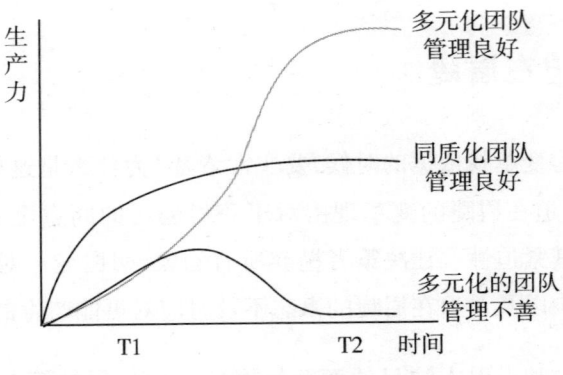

图 3.1　团队多元化和生产力

# 你从 PESTLE 中了解 SWOT 了吗?

要真正为变革找依据,理解和反思两个重要变革工具很重要。在变革计划的职业生涯中,它们将为你生成非常宝贵(且重要的并继续更新)的额外信息。

- **SWOT 态势分析法**:优势、劣势、机会和威胁——你如何为你的公司完成这些分析? 例如,公司目前的优势是什么? 可能是它在市场上拥有的强大品牌。一个强大的多元化与包容性记录将如何支持品牌形象? 针对弱点、机会和威胁提出类似问题。让其他人参与进来,问问他们的看法。
- **PESTLE 分析法**:政治、经济、社会、技术、法律和环境——考虑在你的公司内所有这些领域与多元化与包容性的关联影响。如果你从宏观的角度来考虑这个话题,你会发现有许多大的趋势将有助于加强对寻找、吸引和留住最优秀人才的关注。所有这些信息都可以在互联网上找到,但是,以下是经常出现的趋势:

- **新兴经济体**：新兴市场国家的崛起正在改变世界的经济，随着跨境投资的增加，对具有良好技术知识和跨文化经营技能和经验人员的需求也将随之增加。
- **人口统计数据**：尽管全球人口不断增长，但预计许多国家的熟练工人数量实际上会下降——不仅是在发达经济体，在中国和俄罗斯等某些新兴市场也是如此。拥有年轻技术工人的国家与面临老龄化、劳动力萎缩国家之间的"人口鸿沟"很快就会出现，导致某些行业对人才争夺的加剧以及吸引最优秀人才的需求攀升。
- **科学技术**：在过去 30 年里，数字革命几乎让我们的工作方式发生了翻天覆地的变化。自 2005 年以来，上网人数翻了一番，超过 20 亿。30 年前，每 1000 人中只有一人拥有手机。今天，全球有 50 亿手机用户。智能移动正在改变人们相互交流的方式，我们需要学习新的技能来有效地合作，通常是虚拟的。

你们国内的政治格局会有什么影响或公司战略规划所涉国家的影响是什么？这些国家的法律框架是怎样的？例如，在你公司运营的国家中是否有任何反 LGBT 的法规？针对每个要素提出这些级别的问题，并考虑所涉国家和管辖区可能有的影响或已有影响。

# 这关我什么事（WIIFM）？

许多变革依据忽略了这一重要因素——为什么公司及其内部人员在不了解他们将从中得到什么的情况下，改变他们日常工作的方式？清楚地阐明公司内各个层次和各部门中员工将会获得的好处。

例如，对于一个处于职业生涯早期阶段的员工来说，他们得知能和同事一样得到公平奖励,有机会分享他们对公司的看法,并知道他们的绩效将在透明的、无偏见的行进过程中进行考核。对于一个生产线经理来说,他们可能会增加团队的参与度和积极性,他们会有一个更宽广的人才库来获得员工。对于高级领导者来说,他们可能知道他们能够吸引和留住最优秀人才,因为他们所创造的文化、市场上提高的品牌声誉、向不同文化和背景的客户和顾客提供更广泛服务范围和对公司利润产生的积极影响。

无论你的公司是出于什么原因,对于公司内的员工来说,不管他们的级别、部门或所在国家,花时间阐明"这关我什么事"都是很重要的。

## 使用与公司最相关的数据!

创建多元化与包容性变革案例的挑战在于你最终往往依赖外部数据点。它可能会有所帮助,但最具影响力的商业案例是建立在公司自有的数据之上的,这些数据是人们真正能够感受到的。

一家全球知名的公司进行了一项研究,帮助巩固了这个商业案例,并产生了最大的影响。他们的全球分析团队选取了其中一个业务部门,在全球范围内分析了2.2万个任务。他们能够证明,性别多元化团队(包括男性和女性)是利润率最高,还能同时保持高质量。他们能够证明这对公司的利润有积极影响,并支持公司总体战略规划的实施。

夏洛特记得,之前某个公司中高层领导人对一些外界分享的关于变革为何重要的信息顶多是不愠不火。一旦她清晰地阐释,如果投入至多4万英镑的资金进行一项变革,组织每年可以从招聘预算中节省大约一百万英镑,该高层领导闻言立马接受了该项变革设想并全程参与整个项目。不要低估拥有自有数据并据此寻找变革依据的力量。

如果你确实想要借助外部研究，有大量优秀而可靠的公司可以帮助你、丰富你探寻的变革案例。人们脑海中闪现的公司包括麦肯锡、人才创新中心（CfTI）和开放商业。例如，在 2013 年，人才创新中心发布了一份报告，显示了多元化团队与创新之间关联可以作为企业发展推力。瑞士信贷研究所也发表了一份名为"瑞士信贷性别3000 名高级管理层女性"的报告。报告显示，在公司的管理层性别多元化的同时，公司的财务业绩也有所改善，股票估值也有所提高。

## 挑战现状

这是创建一个更具多元化与包容性的公司所面临的更大挑战之一，也是更重要的因素之一。很少有人会说他们对任何方式存在歧视或偏见，他们会对自己的行为（无论是个人的还是集体的）对公司产生负面影响感到震惊。你可能会听到这样的话："我们是一家成功的公司，为什么我们现在需要变革？"清楚地表达什么都不做的影响很重要。总的来说，你的同事可能表现得很包容；然而，世界正在变，为了继续取得成功，我们都需要适应、进化和成长。我们中的一些人可能还记得工作场所没有电脑的日子，如果我们现在继续像过去那样行事，我们在行业中早已无处立足。

如果决定什么都不做，让我们举一个挑战现状和预测未来状态的公共事务的例子。日本首相安倍晋三（Shinzo Abe）宣布，到 2020年，他希望至少 30% 的领导职位能由女性担任。他这样做的原因有很多，主要原因是日本经济的未来预测表明，通过采取不同的措施，鼓励更多的妇女重返工作场所，并将女性参与率提高到 80%，该国的产出可能会提高 13%。

当将所有要素串在一起时,贯穿上述所有要点的黄金线程(将所有内容链接在一起的线程)是公司如何支持和推动总体业务战略规划的实施。如果你能很好地回答这个问题,你就有胜算了。

一旦主线被牢牢地嵌入,并且人们理解了这一战略的重要性,同样重要的是,将这一主线延续到公司全面可用的战略规划和行动计划中去,如人员/人力资源战略、客户主张以及市场沟通与营销战略。通过这样做,你已经开始在整个公司中融入多元化与包容性文化了。

## 本章的五大要点

- 理解并阐明推动人们关注多元化与包容性的关键驱动力。
- 尽可能使用你公司内部的数据来支持商业依据。
- 将此链接到商业战略规划——响应公司内部的关键驱动因素以及"这关我什么事"因素。
- 了解过去是什么促成了变革,并确定你能从中得到什么。
- 考虑哪些外部信息来源将对内部产生影响。

# 制定战略计划

对于不知道自己想去哪里的人来说，没有顺风。

——塞内加 罗马政治家和哲学家

上面这句话无论对一个公司还是一个人来说都是真理。你已经花时间评估了你目前的处境，同时也在为变革找依据。下一个重要的步骤是确立愿景，你想要前往地方的陈述或图画。如果你不知道自己要去哪里，别人怎么知道你应该追求什么？你怎么知道自己什么时候才能实现目标？

在本章中，我们将介绍如何发展你的多元化与包容性的远景，创建有效和有力的实施计划所需的条件，以及规划中包含的短期成功目标。

## 制定愿景

一份精心设计的愿景陈述可以帮助你用一句话或几个简洁的段落向员工和管理层传达多元化与包容性所包含的内容。这可能需要一些时间来创建；但是，其结果将是一个有助于启发战略决策、产品开发和公司所做的任何其他事情的工具。

愿景陈述是基于未来的，旨在激励和指导公司的员工。它使人们能够看到并清楚地表达出将要发生的变化，并帮助他们考虑他们在其中可能扮演的角色。要创建一个关于多元化与包容性的愿景，重要的是要理解和阐明这是如何补充和融入到公司更广泛的愿景中的。

创建愿景是另一个吸引来自各个层次和背景的员工的机会。让人们参与到整个过程中，并证明这是一种协作，而不仅仅对你做的事情，这将对整体实施过程产生更大的影响。

要创建愿景，问问你自己和其他人以下问题：

- 我们在努力创造什么？
- 会有什么不同？我们想要与众不同吗？
- 我们如何知道我们什么时候到达那里？
- 这将如何补充业务远景？
- 这与公司的价值观有何关联？如果有的话？
- 如果我们不这样做会发生什么？

对这些问题的回答将使你能反复修改从而得到一个鼓舞人心、引人入胜和清晰明了的愿景。

以下是一些跨国公司愿景陈述的例子：

在甲骨文，我们培育一个包容的环境，利用我们所有员工、供应商、客户和合作伙伴的不同背景和观点，以推动可持续的全球竞争优势。

——甲骨文公司

我们希望建立和维持一个环境，使我们的员工受到他们自己的欢迎和重视，使他们充分发挥自己的潜力，使凯悦酒店能够提供真正的个性化服务，吸引每一位客人。

——凯悦酒店

我们的目标是最大限度地发挥多元化与包容性的力量，在充满活力的全球市场中推动卓越的业务成果和可持续的竞争优势。

——强生公司

我们的愿景是成为领先的制药公司，培养一个包容，高性能的环境，重视多元化。

——山德士，诺华公司

想想上面的愿景陈述——你对它们的即时反应是什么？他们是否吸引或激励你？你认为该公司是否致力于实现他们的愿景？你希望人们对你的愿景做出怎样的反应？

一旦你创造了接近最终版本的愿景，你可能想花点时间为多元化与包容性创造一个"元叙事"，从字面上来说，元叙事是一个包罗万象的"大故事"。他们倾向于相对乐观，对未来会有什么不同有一个更大的设想。

花时间创造一个"元叙事"，同时完成总体愿景将在很多方面对你有帮助。它将：

- 使你能够测试你的愿景——它是否正确？它有效的吗？有吸引力吗？
- 开始创建对你的沟通计划非常重要的关键信息。
- 让其他人更深入地了解多元化与包容性在公司中将来的地位和成就。
- 在制定战略之前，提高员工的多元化与包容性意识。

理想情况下，元叙事应该不超过半页的文本或十个要点用来重点关注多元化与包容性会有什么不同。如果超过这意味着你还没有创建一个简明和清晰的信息。为了帮助你的思维过程，下面是夏洛特与来自27个国家的同事与她合作的某个公司创建（见图4.1）的"元叙事"。

**表 4.1　愿景与元叙事**

> **我们的愿景**
> 包容性和多元化是我们经营的方式。它是我们DNA的一部分，深深融入到我们做的每件事中。

- 我们在多元化与包容性方面的表现与我们作为全球顶级公司的表现或抱负是一致的。
- 一个没有偏见、成见和歧视的开放包容的环境。
- 多元化与包容性被视为一个商业目标。
- 各部门之所以在多元化与包容性方面采取行动，是因为它们认识到了其中的好处——而不是因为被告知要这么做。
- 所有员工都理解我们的价值观，支持我们多元化与包容性的愿景。
- 所有领导都积极支持我们的愿景，是最好的多元化与包容性行为的榜样。
- 采用一致的全球性路径，融入本土化管理和实施，实现多元化与包容性。
- 我们是良好实践的典范，客户希望与我们做生意，投资者也希望投资于我们。
- 企业文化得以丰富，使其成为一个充满活力的工作场所。

总之，愿景和任何支持信息（如元叙事）对你所做工作的总体成功至关重要。如果没有一个清晰的愿景来了解将要发生的变化，以及多元化与包容性变革要实现的目标，你将不断面临质疑，如你是否专注于正确的领域，你所做的工作是否会对整个业务产生影响，以及你如何知道自己何时能达到目标。

# 制定战略实施计划

一旦你的愿景确立,合乎逻辑的下一步就是确定和阐明关键的主题和行动,这些主题和行动将弥合你现在的位置和你想要到达的位置之间的鸿沟,考虑到公司的所有要素,并创建一个有时间限制的计划。

对于某些公司,可能已经有了一套设计和呈现实施计划的格式,而对于另一些公司,则可能还在为设计一个适合自己的计划而寻求依据。

在开始制定实施计划之前,有几个战略问题需要考虑:

- 分析数据的关键主题是什么?
- 这个计划需要多大?该计划是否需要着眼于更大的集团范围内的领域,并期望其他国家和部门各自创建符合这一要求的计划?
- 在计划中,合适的时间尺度多长——1 年,2 年还是 5 年?
- 谁会看到这个计划?需要细化到什么程度?
- 变革依据中的主题将如何包含到实施计划中?

对上述问题的回答将有助于确定需要细化到什么程度。最初,我们制定战略计划,该计划显示了我们将如何实现清晰的愿景。一旦创建了这些,就可以制定更详细的实施计划,不管这是你的责任还是整个公司其他人的责任。

人们总是担心一个战略规划会所需细节的增加而陷入瘫痪。这就是一些雄心勃勃的变革计划开始陷入困境的地方,因为它们陷入如何保持将变革变为现实所需的高度概述的泥淖中。

要制定一项计划,向高级领导人明确方向和行动,并提供足够的信息,以便能够提出更详细的实施计划,必须具备下列要素:

● **重点领域/主题**:在之前的数据分析中会出现一些主题。如果创建和呈现这些主题的方式既能将许多总体行动结合起来,又能与总体的公司战略规划相联系,那么战略规划将看起来容易管理得多。例如,如果该公司希望在其前景上变得更加全球化,或者增加在世界各地的业务,一个"全球思维"的总主题可能是合适的。又如,另一个主题可能是"多元化人才通道",这可能会支持企业的商业计划,以确保公司有效地获取行业中的最优秀的人才,也可能应对利益相关者未来多元化高级人才的挑战,从本质上讲,确保重点领域和主题足够高以至于在最大限度不涉及大量细节的情况下,展示它们在战略上的契合程度。

● **行动安排**:在这个阶段,行动安排应该更详细地说明哪些高层次的可实现成果与上述重点领域和主题匹配。同样,这是高层次展示,其在包含足够的信息以清楚地概述实施内容和不涉及完整项目计划细节之间取得了良好平衡。例如,如果重点是创建一个灵活工作公司,高层行动实施领域可能包括:创建支持灵活工作的技术原则和基础设施;检讨所有政策、措施及程序,确保它们支援灵活工作;为确保全球一致性,制定并阐明灵活工作的领导承诺。

● **所有者**:与任何其他计划一样,除非每个人都清楚谁负责实施,否则战略计划是无效的。对于这一层次的计划,"所有者"可以定义为业务的一部分、业务的支持功能,如人力资源或国家经济。在这个阶段,在可能的情况下,在计划的"所有者"元素中包含一个指定的人的做法比较明智。这便开始增加了问责制度,并进一步确保谁最终对实施计划负责不会产生混淆。例如,可以将一个高级行动分配给人力资源进行实施。而不是纯粹的列出一个"人力资源"的清单,这不仅需要包括人力资源主管的名字,而且需要领导负责的那部分功能。

- 为了创建公司的内部结构,一些公司使用"RACI"原则,该原则定义了任务或项目中的角色和职责。关键角色定义如下:
- 谁负责(R = Responsible)(也是推荐人)——为完成任务而工作的人,他们拥有项目。
- 谁批准(A = Accountable)(也是审批人或最终审批机构)——最终负责完成任务的人员,必须在任何活动生效之前批准该活动。"推荐人"角色向"审批人"报告。每项任务或可实现成果必须只指定一个负责人。
- 咨询谁(C = Consulted)(有时是顾问或律师)——寻求观点和意见的人,通常是主题专家,与他们进行双向沟通。
- 通知谁(I = Informed)(同时也是信息员)——能够及时了解进展情况的人,通常只有在完成任务或可变现成果后,才与之进行单向沟通。

在许多情况下,负责任务或可变现成果的角色也可能负责完成任务或可变现成果。除此,通常建议每个任务的项目或流程中的每个角色最多只能作为参与类型之一。这确保了项目或任务务中涉及的所有人员都非常重视他们的角色,并消除了任何混乱。

- **时间表**:在战略规划中,明确实施时间表同样重要。这个领域应该涵盖高级别的里程碑实施日期,也就是说,实施的关键元素需要将你带到下一个级别。此处不需要对时间表进行详细概述;这些时间表将包含在更详细的项目实施计划中并在那个计划中定期测量进度。

• **影响评估**：确保你清楚如何评估战略规划的影响是至关重要的。许多规划都没有做到这一点，然后发现自己在随后的实施过程中总是落后，试图证明他们的行动正使公司发生变化并在逐渐实现愿景。为了让过程变得更容易，从一开始就要非常清楚你将如何评估影响，并将其包括在规划中。当高级领导人和其他利益相关人签署规划时，他们也签署了如何评估成功和影响的协议。这一步将包括哪些具体内容，进一步资料载于"评估影响 变现收益"一章（见第17章）。

表4.2说明了这规划看起来是什么样的。

在制定战略规划的整个过程中，与关键利益相关者，包括对实施规划要素负有责任的利益相关者进行协商至关重要。在这个阶段可能发生的最糟糕的事情是，你投入了大量精力来创建的一个计划，但在过程中没有与利益相关者进行讨论，然后被其中的一些人拒绝，因为这个计划对他们毫无作用，或者他们没有参与其中。正如本书中多次提到的那样，你不能一个人完成这项任务，因此，你必须把人们团结在你身边而不是希望着把你的战略规划强加给别人，这才是可持续的解决方案。

**表 4.2　带影响评估的多元化与包容性行动计划示例**

聚焦领域——吸引和保留

| 聚焦领域 | 行动安排 | 所有者 | 时间表 | 影响评估 |
|---|---|---|---|---|
| 招聘公司 | 创建并同意我们对招聘公司的期望<br>• 与人力资源和其他感兴趣的利益相关者（包括一些招聘经理）合作，为我们公司设定一系列期望<br>• 审查不同国家/司法管辖区的任何具体事项<br>• 获得最终的需求协议 | AB | Q1 | 根据对公司的期望制定的直接评估：<br>• %机构遵守多元化与包容性要求文件中的所有措施<br>• %不同候选人名单的不符合百分比<br>• 每季度收到的投递简历数量（或其他商定的报告期）<br>• %的职位提供给不同的候选人（提供性别和其他人口统计信息）<br>• 不同候选人接受的职位百分比（提供性别和其他人口统计信息）<br>• 从首选供应商名单中删除的不符合要求的机构数量<br>• 将提供多元化与包容性需求监控的季度更新 |

续表

| 聚焦领域 | 行动安排 | 所有者 | 时间表 | 影响评估 |
|---|---|---|---|---|
| 职业发展及晋升 | 为经理和所有员工开发职业发展大师班/模块<br>• 确认并商定模块的关键主题<br>• 创建模块的试用版本，并在12名现有部门经理和12名员工身上实施以获得反馈<br>• 回应反馈，并创建研习班和材料的最终形式<br>• 向所有部门经理承诺已完成模块（时间刻度待定）<br>• 每两年为所有产品线线经理和员工提供"进修课程"，以确保技能更新<br>• 人力资源员工（批准角色）应参加"进修课程"，以获得与部门经理一致的经验 | ZA | 多元化与包容性论坛试点 Q1<br>试点 Q2<br>广告 Q3 | • 员工对职业发展对话质量的反馈<br>• 部门经理对培训对他们进行职业发展讨论和支持流程能力的影响的反馈<br>• %部门经理在适当的时间内完成模块和复习<br>• 我知道我必须做些什么来提升我的职业生涯（员工调查问题）<br>• 我的经理花时间指导我并培养我的技能（员工调查问题）<br>• 我的经理定期向我反馈我的工作情况（员工调查问题） |

本书早些时候还概述了这一点，即总体愿景可能远远超出公司的人员和人才方面。可能需要使客户群体多元化，或确保所提供的服务能适应不断变化的人口结构。无论如何，重要的是确保所有重点领域和主题都包括在战略规划中，并涵盖上述所有要素。

## 实现短期胜利

我们在创建更加多元化和包容性的公司时所面临的挑战之一是，大多数具有可持续性和重大影响的行动需要时间来实现，甚至需要更长时间才能看到好处。在开始这项工作时，真正重要的是创造有意义的短期行动，并取得胜利，保持兴趣和势头，同时不妨碍实现总体愿景的实施。

重要的是要在短期和长期的行动和重点之间取得平衡。如果你过于注重短期的胜利，你将无法创造出你真正想要的可持续和有意义的变革。当一些利益相关者没有看到他们期望的回报时，专注于长期的胜利可能会降低他们的参与度和承诺。这种平衡对每个人来说都是不同的，具体取决于公司、部门、地理位置和多元化与包容性的运用熟练度等方面。

夏洛特记得，在一家美国公司工作时，6 个月的计划被认为是长期的，并被要求将其缩减为 3 个月实施完成。然后她进入了一家日本公司，并被告知 7 年计划实际上被视为短期到中期的计划。

短期的胜利必须与长期的战略行动同等对待。你应该确保：

- 与总体愿景和优先级业务之间有着明确的联系。
- 短期行动的影响可以通过某种方式衡量，以了解它们如何支持更广泛的影响评估并变现收益。

- 这些行动是一致的,是对长期行动的补充,也就是说,它们有助于铺平道路。

同样,尽可能多的人参与实现短期胜利中来。人们觉得他们在变革中扮演的角色越多,你在未来会得到的支持和影响更多。

这实际上是什么样子的呢? 这里有两个例子:

---

**1. 长期执行:**确保我们首选供应商名单上的所有公司都有来自多元化与包容性高层的承诺;对多元化与包容性有清晰的愿景、战略和政策;在约定的截止日期前有清晰的实施计划。

　**短期的胜利:**与我们的前五家供应商进行接触,通过与他们的资金支出来确定他们对战略的长期目标的认同,并确保所有这三项要求都在一个商定的期限内到位。将结果传达给适当的利益相关者。

**2.长期执行:**确保在商定的截止日期前,公司前 1000 名领导人中至少 40% 的职位由女性担任。

　**短期的胜利:**与所有招聘人员进行沟通,包括内部和外部的沟通,以确保未来所有的求职都能得到一个多元化的候选名单。

---

总之,确保你的长期计划中包含短期的成功。在短期的成功和长期的计划之间建立一条清晰的界线,找到衡量影响的方法,让利益相关者知道你在做什么,为什么要做。

如果方法正确,短期的成功会对你的战略和计划的长期成功产生积极的影响。

# 本章的五个要点

- 创建一个精心设计的愿景,支持业务策略的实施。
- 如果不挑战现状,变革就不会发生。
- 在创建愿景和实施计划的过程中,利用每一个机会为包容性领导树立榜样。
- 与他人密切合作,理解任何可能影响愿景的文化差异。
- 除了你的长期愿景,确保你已经取得了一些短期的胜利,来庆祝你在这个过程中取得的进步。

# 你作为变革推动者的角色

如果我们等待其他人，或者等待其他时间，变革就不会到来。我们就是我们一直在等待的人，我们就是我们一直在寻求的变革。

——巴拉克·奥巴马 美国前总统

创造一个更加多元化和包容性的工作环境的角色是非常具有挑战性的，并且一定不适合胆小的人。这个角色不仅要有对公司如何运作以及对多元化与包容性领域的深入理解，而且还需要掌握作为一个有效变革推动者的技巧。

在本章中，我们将回顾有效的变革推动者是什么样的，并概要分享所需技能和能力。

## 有效的变革推动者长什么样子？

在《牛津英语词典》中，变革推动者的定义是："鼓励人们改变行为或观点的人或事物。"

变革推动者的角色通常是背负一项吃力不讨好的任务，它鼓励人们接受并执行所需的变革。

尽管任何人都可以有效地成为一个变革推动者（这是我们在公司中最终想要的），但是我们相信，要成为一个成功的变革推动者，你需要具备一些特征。

- 坚韧性：有效的变革推动者知道，总有那么一段时间，其他人只是不明白他们在做什么,或者他们为什么要这么做。他们需要在自己的内心找到继续下去的动力,并冒着被误解和不被赏识的风险,因为他们知道,在遥远的将来,自己的努力工作最终会被其他人认可。

- 提高的情商:变革最终取决于人。因此,改变关乎你与他人建立的关系、推销技巧、指导和促进他人与你相处的方法。吸引和激励他人的能力是一个重要的特点,也能设身处地为他人着想。

- 关注未来:变革推动者对可以或应该做什么有一个愿景,并利用这个愿景来进行动员。他们关注未来,而不是现在或过去,并且他们通常对周围的环境感到不满意,或者认为有更好的解决方法。

- 建立信任:变革推动者能够与利益相关者和他们周围的其他人建立牢固的关系,并保持互信。他们在处理事情中,信任他人,行为合乎道德并且公正耿直。如果一件事情不行的话,他们会用实际行动来证明为什么不行。

- 注重沟通技能:变革推动者能够与各级人员沟通。他们积极倾听,让他人参与讨论和决策,并不惧以冷静和专业的方式直接解决冲突。

- 容忍不确定性:变革推动者知道不确定性伴随着角色而来。他们能够承诺继续推进变革,同时环顾四周寻找证据,证明这是变革的正确或错误方向。他们知道不确定性是创造改变的过程的一部分,并对此感到满意。

- 热爱学习:有效的变革推动者可能是他们所在领域的专家,但他们知道,一个人不可能拥有所有的知识和智慧。他们热衷于从他人的知识和经验中学习,并确定如何能够以某种方式支持他们或提高他们的工作。

- 耐心且执着：他们知道有些事情不会在一夜之间改变；然而，他们知道在某个阶段情况会发生变化。他们乐于等待合适的时机，保持耐心，并期待变化在某个时刻发生。
- 提出棘手问题：如果不提出棘手的问题并在某种形式造成一些破坏，变革就不会发生。有效的变革推动者不会害怕提出别人可能回避的问题，也不会真正关心别人是如何看待他们的——他们宁愿被尊重也不愿被喜欢。

对于不同的人和不同的文化，成为一个有效的变革推动者可能意味着是件不同的事情。例如，在中国，当着许多人的面提出尖锐的问题，可能会被认为是不可接受和不尊重人的。

夏洛特还记得她在一家日本公司的第一周，她提出了她对多元化与包容性如何在公司内实施的初步想法。有20多名同事参加了这次会议，他们似乎都对她的观点表示好奇和支持。会议结束后，她的老板问她感觉怎么样。她回答说："很好，他们都同意这个建议，我很惊讶竟然这么容易。"她的老板笑了下，离开前说："你以为他们同意你的动议时，其实是他们在确认他们理解你——在他们支持你的提议之前，你肯定还有很多事情要做。"

## 多元化与包容性变革中变革推动者所需的技能和能力

在写这本书的时候，多元化与包容性从业者还没有像其他行业一样有相关标准。但是，我们相信前面列出的有效变革推动者的特征是一个很好的基础，然后，你要利用多方经验构建这些特征。要成为这方面的专家与成为其他专业的专家一样。要实现真正所需要的影响，就需要一定程度的知识和经验，而这些知识和经验不能一蹴而就。如果这真的是商业上的当务之急，就像许多领导者所说的那样，你为什么要把责任交给知识和经验有限的人？正如夏洛特所说，"你不会仅仅因为一个人对电子表格感兴趣就让他担任财务总监，那么为什么在寻找一个多元化与包容性专业人士的时候，门槛会如此之低"？

2008 年，世界大型企业联合会发布了一份名为《为多元化和包容性从业者创建能力模型》的报告。该报告试图创建一个对推动多元化与包容性的有效变革很重要的能力框架，我们相信，与我们刚刚列出的变革推动者特征有许多协同效应。表 5.1 中给出了七个类别并对相关能力进行了定义。

报告接着说道，你不能指望在一个人身上看到所有上述能力；但是，必须具备有一定的数量，而且这个随着角色级别越高，其所包含的能力数量越多。

你当然有机会在变革中获得经验和知识。夏洛特还记得 90 年代末她负责制定某个公司的性取向行动计划时参加第一次会议的情形。她和 5 个人坐在会议室里，那 5 个人想知道她要做什么，但是她真的没有任何线索，因为在那个时候，她不完全了解这些问题和挑战。她没有虚张声势地举行会议，而是鼓励参加会议的人与她一起制定计划，并与她分享他们的经验和挑战。其结果是形成了一个在其他人看来是一幅类似蓝图的计划，描述了公司当时本应早已采取的改变性取向文化行动。

## 培养你的技能

表 5.1 提供了一个框架，它是在你周围创建一个具有互补能力的团队时可用的有效工具。例如，当为多元化与包容性指导小组任

命人员时考虑团队正缺少的能力和技能。你可能在寻找一个具有创设愿景经验、知道如何应对公司内务，或是懂得如何在复杂的团队中动态工作的人。

多元化与包容性领域从业者的角色已经改变，并将继续演变。企业比以往任何时候都更需要专业知识来帮助它们在内部灌输知识和技能，为自己的公司打造新的竞争环境，并在不同文化背景下建立信誉。有很多方法可以丰富你的见识。你可以参加会议、小组活动、论坛、网络研讨会和研讨会；你可以读与思想领导力有关的内容，做些基本操练和阅读其他书籍（比如这本）；为了提高你的一些能力，你可以参加公司提供的内部培训、外部课程和特别为多元化与包容性定制的培训；更微妙的是，你可以考虑找一位导师——要么是一位在自己同样岗位上能力更强、经验更丰富的人，要么是在多元化与包容性领域工作的人。

多元化和包容性从业者能力

表 5.1

| 1 变更管理 | 2 多元化、包容性和全球视野 | 3 商业头脑 |
|---|---|---|
| **公司发展**<br>• 理解并促进变革过程的完成<br>• 获得参与领导变革主管权和中层主管权 | **文化能力**<br>• 理解多种文化框架、价值观和规范<br>• 在面对众多文化维度时展现出灵活的风格，以便在不同文化背景下都能有效运用<br>• 了解跨文化和包容性相关的冲突、紧张、误解或机遇的动态性<br>• 了解公司并开展业务的地区的历史、背景、地理、宗教和语言<br>• 精通不止一种语言，最好是几种 | **外部市场知识**<br>• 了解当前全球和本地趋势变化，以及它们如何影响多元化与包容性<br>• 收集和使用竞争情报<br>• 了解不同的客户/客户需求<br>• 了解当前全球社会政治环境<br>• 了解营商背景和经验教训 |
| **企业沟通**<br>• 保持包容性全方位沟通<br>• 利用多种沟通工具，如网站、小册子、论坛等<br>• 保持平衡的全球视角，为地方层面提供灵活性和多样性的支持<br>• 企业利益优先<br>• 阐述多元化与包容性的好处<br>• 承认并处理可能产生的不利影响 | **谈判和便利化**<br>• 在文化差异、冲突、紧张或误解情况下协商和引导<br>• 认识并处理与个人筛选、特权、偏见及文化偏好有关事务<br>**持续学习**<br>• 致力于不断学习，提高多元化、包容性和文化能力<br>• 寻求并利用来自各方的反馈 | **整体业务知识**<br>• 了解金融、经济和市场驱动因素对商业利润的影响<br>• 了解核心商务战略<br>• 具有极好的财务敏锐度<br>• 利用多学科和多渠道信息，提供综合性思路和方案，解决公司内重要议题 |

续表1

| 1 变更管理 | 2 多元化、包容性和全球视野 | 3 商业头脑 |
|---|---|---|
| • 跟踪和沟通战略进展和挫折<br>• 承认并解决遇到/障碍/机会 | **复杂的群体动态**<br>• 了解并有效管理复杂的群体动态和不确定性判断<br>• 能够更果断且多元地辨别何时询问、倡导、驱动或解决问题 | • 利用多个学科和来源的信息提供整体性方法或解决方案，解决公司内的重要问题 |
| **关键的干预措施**<br>• 在进展因多元化相关问题而受阻情况下，提供有用和及时的干预 | **专业知识**<br>• 了解并应用多元化与包容性的实践、策略、系统、政策等方面的最佳实践<br>• 了解与边缘化群体相关的微妙而复杂的多元化与包容性问题（尽管这些问题通常包括妇女、残疾人、老年人以及种族、民族或宗教少数派）<br>• 有效建立和管理多元化与包容性委员会<br>• 与其他职能团队合作<br>• 是包容性和文化能力行为的榜样 | **多元化与包容性的 ROI（投资回报率）**<br>• 决策和商定多元化与包容性如何为核心商业战略和结果服务<br>• 洞见多元化与包容性如何为人员和人力资源战略以及商业成果服务<br>• 设计和开发投资回报率影响的多元化与包容性指标 |

续表2

| 4 战略性外部关系 | 5 正直 | 6 具有远见卓识和战略领导力 | 7 人力资源管理能力 |
|---|---|---|---|
| **企业社会责任/政府监管**<br>• 了解外部压力点(如社会、工作委员会环境、监管、政府、客户和相关趋势)<br>• 有效预测和管理利益相关者(如游说组织、社区、非政府组织)<br>• 通过政策和实践认识和解决人权问题<br>• 通过沟通媒体和市场,使公司处于有竞争力的地位 | **有道德**<br>• 行为合乎道德、正直<br>• 言行举止要让人信任<br>• 说话坦率而机智<br>• 为那些无法用其他渠道表达的观点、层级和文化发声<br>**有韧性**<br>• 充满动力和精力地追求目标;不达目的誓不罢休,尤其是面对阻力时<br>• 保持积极和建设性的态度 | **多元化与包容性的未来状态**<br>• 与他人恰当合作,设想并传达一个数舞人心,引人注目和相互关联的多元化与包容性未来状态<br>• 积极寻找新的想法、体验和思维<br>**领袖**<br>• 是变革的催化剂。将想法投入运用或与运用连接<br>• 用可理解,能创新和鼓舞人的方式设定新发展方向 | **薪酬总额/人才管理/公司发展/工作生活平衡/培训**<br>• 了解薪酬福利计划,政策和最佳实践的基本原则和工作方式<br>• 提供多方案,确保公平待遇,减小差距<br>• 掌握确保各种知识,实现公司目标,最佳实践的知识,以确保公司多元化但不限于员工招聘和人员配备,公司发展(OD),工作和生活平衡,继任规划,培训,职业发展和绩效管理 |
| **战略联盟**<br>• 识别关键外部组织/领导者,组成合作伙伴关系并以此来提升业务成果 | **有影响力**<br>• 在公司的各个层级进行有效的谈判和说服<br>• 引导公司的发展方向,并对公司产生向上和下和横向的影响<br>• 倾听并调整方法以适应听众 | **务实态度**<br>• 区分战略和战术<br>• 与客户,合作伙伴和利益相关者保持一致<br>• 在工作中注重实效<br>• 主动出击,为营造公司各层级的影响<br>**灵活处事**<br>• 协助和处理复杂和敏感的事务 | **合符规范**<br>• 了解适用的法律,法规和政府要求及其对业务影响<br>• 通过制定有效的计划,政策和实践确保符合法规 |

续表3

| 4 战略性外部关系 | 5 正直 | 6 具有远见卓识和战略领导力 | 7 人力资源管理能力 |
|---|---|---|---|
| **促进市场多元化**<br>• 识别关键外部供应商、公司对客户、和他们形成合作伙伴并利用这一关系<br>——加强供应链建设<br>——增加市场份额,收入总额和忠诚度 | **有同情心**<br>• 能在他人的文化背景下理解其观点和情感,不管对方是少数还是多数族群<br>• 以明示或非明示方式承认他人观点<br>• 理解如何激励少数族群和多数族群,并与他们一起工作 | **领导力**<br>• 知道该在哪里向谁寻求帮助以完成事务(包括与董事会、首席执行官和最高领导人合作)<br>• 与其他职能部门合作,为所有人(尤其是人力资源、公司发展和领导能力发展部门)取得最大成效<br>• 具有超越职位权力的影响力和执行力<br>• 在所有层级被视为提供建议和意见的可靠来源 | **员工关系**<br>• 与其他合适的人合作,解决个人和群体冲突,包括与重要的干预<br>制定和实施成功的干预措施<br>• 在面临对变化和环境挑战时,维持和改善工作环境 |
| **品牌声誉管理**<br>• 积极影响媒体和市场<br>• 通过社区外展与内部支持者建立战略伙伴关系<br>• 支持公司运营地所在社区 | **会沟通**<br>• 知道资源在哪里,以及如何获得它们<br>• 有效沟通<br>• 与观众互动 | | |

## 本章的五个要点

- 作为一名变革推动者,你的角色是要受到尊重,而不是被人喜欢。
- 成为一名优秀的多元化与包容性领导者需要的不仅仅是激情或一点好奇心。
- 作为起步,先考虑你擅长的变革管理能力,以及你需要进一步发展的能力。
- 考虑如何填补自己能力上的不足,其他团队成员或同事是否有互补的技能?
- 制定一个计划,确保你自己和那些支持多元化与包容性变革的人都在为未来的成功培养正确的技能和能力。

# 谁可帮忙？与外部供应商合作

**如果你想去某个地方，最好找一个已经在那里的人。**

——罗伯特·清崎　投资者和商人

本章我们将集中讨论在你的历程中谁会帮助与支持你。当然，我们无法列尽所有外部供应商名单，但我们的确会分析你所需考虑的外部有利因素以及合作的最佳时间。我们会学习外部标杆管理，公司章程以及别样管理、各种论坛和外部网络等因素。从而为你实现思维领导和思维研究的管理提供建议。

多元化与包容性管理的独特之处在于人们在行业内外都通力合作，都在分享自己的工作经验和教训，无论是好的还是不那么好的。

当然，有些公司处于直接的相互竞争状态，因此有时在分享"公司秘密"时会有点紧张。此时你要记住的是：你在行业内所实施的任何决定都是由你所在公司特定的文化因素、商业战略和价值观等来驱动的。这就意味着，相同的项目由不同的公司来执行就会产生不同的效果。换句话说，走别的公司所走过的路并期望得到相应预期成果的可能性微乎其微，因为还存在着很多其他因素会影响最后结果。这一点我们将会在关于"制定战略计划"（第4章）的章节中详细介绍。

## 外部基准

在实行多元化与包容性管理的早期，我们相当重视获取现有行业基准报告以及我们所开展活动的基准元素的能力。我们采用的基准都是围绕专业衡量标准制定的,这些标准可显示出该公司在某一特定领域以及更广泛领域与其他公司抗衡之力。弗勒还记得,完成那个时代的性别、种族和残疾方面年度基准是多么的耗时,而过后反馈式讨论中获得的信息又是多么的丰富! 事实上,她早期在为LGBT 群体做决策时,来自石墙公司的反馈直接推动他们公司战略的思考及方向。

审查现有基准报告的真正意义在于,报告通常会显示出公司总体走向以及公司计划实施后产生的相应后果。当你开始这项事业时,你难免会被问到:我们的竞争对手是如何实行多元化和包容性领导的呢? 而这个问题将在获取的基准报告里找到答案。

当你刚刚迈步时,你可以考虑做一个基准的测试。它将让你从这些外部预设且被其他公司认可或使用的指标中明确你公司的起点在哪里。反对这么做的观点是你可能已经从其他章节的讨论中准确定位了公司的起始点,并且在早期阶段完成外部基准演练所需的时间来看,这可能并不是一个有效利用现有资源的途径。

伴随着公司的日渐进步与成熟,参与基准工作逐渐由了解公司战略和未来活动,以及提供战略信息转向通过基准测试和同行进行对比,从而提高外部认可度,更多集中体现在与其他公司对比时,本公司在基准实务上成果的认可和排名。一些基准通过奖励机制来认可,但其本身条款保密;其他情况下,每个公司都进行排名。例如,全美最佳雇主、《泰晤士报》前 50 排行榜、石墙发布的英国工作场所平等指数排行榜,和多元化公司榜都是通过业绩来公开对相关公司进行排名的。

获得外部认可对你和公司而言都是极大的推动力。这势必有利于公司的品牌塑造,它也会提升公司众多勤勤恳恳、不知疲倦地为公司运营员工社交网、担任讨论组成员或给予全面支持的员工以"感觉良好"的心态。弗勒记得 2007 年加入安永时,他们在石墙"英国工作场所平等指数排行榜"的前 100 强企业中排名约为 97 位。在接下来的五年里,很大程度上归功于 LGBT 群体社交网的巨大贡献。使得安永公司的排名上升到振奋人心的最高位置。每年他们的排名都得以提升,这是让他们能聚焦于下一个系列目标的强大动力。

尽管参与基准工作有着很多积极的意义,但你的确需要考虑你这样做的初衷、效能以及你能分享到的反馈——事实上,你会如何处理这些发现呢?以下是我们向你提供的建议:

- 不要做无根无据的事情。为了使基准可信,你应能用事实性数据和信息来支撑你的回应。如果你发现公司处在任何大型公共排名的前十名,你应以审计或以访谈的形式来确认你的回应。

- 考虑一下基准机构的可信度。他们对公司成绩的认可能否视作一种荣誉?或是这些基准机构在本领域的知识水平、公信力以及专业度是否有缺欠?

- 参与特定基准将如何对你的宏观愿景、多元化和包容性战略和战略计划的实施提供支撑?若无任何裨益,请慎重考虑是否有必要为此花费宝贵的资源(金钱和时间)。

- 根据战略执行情况,确定最适合你的基准类型。你需要考虑:你会因为完成一项聚焦于多元化中某一特定元素(如种族)的计划而更多受益吗?或者你会因为聚焦于一个囊括多元化所有元素而更有包容性的项目获益吗?

在一头扎入并参与任何基准之前,谨慎的做法是先后退一步做足功课。要恰当完成这些工作是相当耗时的。非常必要的是在基准中共享的任何信息都是准确的,遵从事实本身,没有夸大也不刻意拔高。如果公司因为某事实而受到公众追捧,而这个事实在公司内部却没有得到认可或实践检验,这可能会对你未来的多元化和包容性工作重点,以及你身边员工的积极性造成很大损害。

## 章程与风筝标志(英国标准协会核发的商标)

多年来,章程已成为许多公司对多元化与包容性管理理念的公开承诺。在整个欧洲,多元化与包容性章程已经成为欧盟交流平台的一部分——波兰、法国、西班牙、意大利、奥地利、德国、瑞典、荷兰和丹麦等国均参与其中,许多公司也已加入。这些章程秉承自愿原则,由各国直接领导,以一系列政府、私人和公共公司支持。

当你决定开始你的多元化和包容性管理之旅时,一旦打算参与,章程或商标的确会提供给你一个清晰的概况和一系列的期望。他们还可以帮助你结识一些同仁,这些人的能和你分享他们的经验,也能引领你,使你能持续增长知识,协助你在公司实施计划。然而,考虑一下你是否会利用这一点来帮助你和公司的发展,以及你是否愿意承认参与某项特定行动,这些思考都是非常有益的。

在基本层面上讲,加入章程会使公司得到一个被公众认可的商标或"风筝标志",表明了公司为满足其业务需求而致力于创建和践行多元化和包容性管理战略。但是,为了确保注册的章程具有正面影响,你需要确保你的公司确实在践行章程条款。弗勒了解一项全球技术章程,包括着很多良性且正面的条款,使得工厂可以使用他们的技术;然而,在熙熙攘攘的签约加入后,最初的进展缓慢且非常不稳定。这个例子主要的经验教训是:一旦你获得了高层领导的承诺,下一步就是立刻确定并动员那些能贯彻实施的员工参与进来。

在考虑加入某章程和争取风筝标志时,须考虑的范畴如下:

- 确定你所在的国家是否有适合你公司的章程,并预估公司高层领导和你周围员工加入的欲望程度和投入度。
- 加入章程能如何支持你的愿景、多元化和包容性战略和具体的实施计划? 你能如何撬动公司的参与度? 如果加强公众监督,能否加快管理策略的实施速度?
- 签署章程会给你的品牌带来什么价值? 会得到国家政府认可吗?
- 你还需要做些什么才能符合监管要求和满足预期?
- 如果现在不是你在多元化与包容性管理中加入章程或风筝标志的最佳时间,那么何时才是最佳审查时机?

## 论坛和外部社交网

在多元化与包容性管理世界有许多论坛,形式各不相同,根据你目前行进到的阶段,他们会向你提供不同等级的价值。他们不仅是难能可贵的社交机会,也是扩展人脉以及了解行情的好机会。他们也为你提供与来自其他公司同行见面的机会,讨论行业瓶颈和成功案例方面的最新消息,探索未来发展趋势,共享研究成果,还能集思广益。在许多地区,有很多对外交际的机会,但对许多人来说,这仅被视为"做起来很舒服"的事情,而不是增加知识、获得非正式发展和发现多元化与包容性管理领域中新事物的重要途径。可惜的是,对那些刚起步的人来说,这仍然是一个未开发和未充分利用的资源。

论坛有许多不同的类型,从一开始你就必须考虑你想通过参与论坛获得什么。有一些论坛是由第三方管理的,通常收取某种形式的会员费用,这些论坛往往就当前热点问题来召开会议和提出议程。这类论坛有亚洲的社区商业论坛,欧洲、美国、加拿大和印度的催化者论坛,及美世的全球多元化和包容性论坛。英国的一个优秀案例是一群大公司发起的"创造包容性文化"合作项目。该项目2015年由夏洛特(Charlotte)发起,旨在将英国各城市的企业聚集在一起,在三个层面上为企业带来变革:

- 联络市内各高级领导人,共同解决多元化和包容性管理中遇到的问题。
- 着手所有参与公司共同面临的长期问题,确定如何进行变革。
- 让各级员工全都理解包容性企业文化对公司的影响,并且明确他们可以采取的行动,使他们的工作场所更具包容性。

这个论坛的独特之处在于它已在英国的许多城市建立(而不是仅限于在伦敦),这反映了公司面临的一些关键问题应该由当地而不是直接由总部来解决。论坛承诺所有参与公司将进行所有参与者合作、创新、变革三步曲,承诺参与一定数量的年度活动、访问在线资源以推动面向所有员工的变革(见表6.1)。在撰写本文时,创始成员包括安永、JLL、直线、平派共济会、DWFf Hays招聘、北铁、瑞银、合作银行以及英格兰和威尔士特许会计师协会(ICAEW)。该论坛最近有在全球范围扩展的计划。这是让各级同事考虑在其职责范围内进行多元化和包容性管理以及创建超出通常总部范围的高级领导网络的完美范例。这是一个完美的范例,可以让不同级别的同事在职责范围内考虑多元化与包容性管理,并在总部范围外为高管创建一个外部社交网。

还有其他自我管理的论坛和社群,通常依赖于一小部分人善意行为,他们热衷于论坛关联的主题,并热衷于传播经验和知识。元社群(即社群的社群,它指的是一群覆盖伦敦各地员工网络负责人,他们也代表不同性别），黑人与少数民族和 LGBT 员工社群，以及紫色空间社群（紫色空间是一个创新性在线平台，汇集了身体残疾的网络领导者分享推动管理文化变革的建议，以及改变公司的残疾文化）都是其中的例子。

此外，还有一些特殊利益集团，如最初在英国成立的三成俱乐部（30%club），旨在吸引董事会主席并使他们承诺增加董事会中女性的数量。

表 6.1　　　　　　　　　　创建包容性文化承诺

---

### 协　作

公司和雇主将从以下方式从各级协作中受益：

- 咨询委员会为每个城市确立主题和方向
- 城市领袖论坛，聚焦于每个城市战略多元化和包容性重大命题
- 举办面向各级人员的活动，以加强城市间的借鉴和联系
- 密切联系现有网络，确保时刻关注多元化和包容性动态

### 创　新

公司和雇主将通过以下方式影响该行业：

- 委任具有新兴思想的领导来处理多元化和包容性相关问题
- 致力于建设一个思想争鸣的学习网络
- 挑战当前传统的变革思维

### 发起变革

公司和雇主将通过下列方式进行工作方式的变革：

- 关注受多元化和包容性影响，与公司和城市息息相关的企业具体问题
- 在各个城市提高力争变革的公司和领导者形象
- 分享进步——好的、坏的甚至不堪的

---

多元化与包容性目前已落户许多国家，如澳大利亚、加拿大、迪拜、香港、爱尔兰、意大利、马来西亚、南非和美国。在 LGBT 议程方面，有一个名为"出柜趁现在"的小组有一套合伙模式，通过其在纽约、香港和伦敦的行业领先全球峰会将不同行业的高级商业领袖联

系起来。另一个例子是 GIRES，一个由跨性人和非跨性人组成的兴趣小组，他们为跨性人及其家人和其他专业人士提供信息和支持。还有一些特殊兴趣小组是作为更大公司的一部分而创建的。例如，英国特许人事与发展协会（CIPD）主办了一个名为高级多元化交际网（SDN）的特别小组，旨在吸引对这一特定群体拥有良好知识和体验的人。

我们还遇到（事实上有时是）跨行业论坛的成员，例如英国银行间多元化论坛，已成立十多年了。该论坛由投资银行业内多个公司组成，定期举行会议，分享最佳实践经验，并共同努力促进各自公司内乃至整个行业变革。银行间论坛最早的活动之一由高盛承办的。每家银行都派出一群潜力股的女性参加为期一天的商业和发展研讨会。弗勒还记得，对这些女性来说，这个活动的影响力之巨大，她们由此能够和整个行业建立联系，并亲眼目睹众多在这个城市奋斗着的杰出女性。

银行间论坛施行的另一项倡议是年度晚餐会。每家投资银行的首席执行官和部分资深女性出席此餐会，席间讨论多元化与包容性议题以及自己作为领导能对公司产生哪些有意义的影响。夏洛特还记得，她曾与当时欧洲、中东和非洲地区野村证券的首席执行官一起参加过一次早期餐会。那时距离男性参与到性别议程还有很长的距离，我俩都清楚记得，早期成功举办此类活动难度系数大、风险系数高。首席执行官都是男性，他们显然对这个话题感到不自在，或担心自己可能会说错话，或担心自己看起来消息不灵通，而这都是早期聚焦多元化与包容性管理时经常会面临的挑战。

总之，基本上任何人都可以召集一群对特定议题感兴趣的团体开会，分享他们正在做的事情，而多元化与包容性管理领域的人做起这件事来驾轻就熟。大约八年前，我们在一次多元化与包容性管理会议上与一小群发言者共进午餐。尽管召开会议的花费是众筹的,但当我们每个人都乐于去推动这些有益的事情,因为我们都可以从会议中分享的失败经验中获益,同时分享创业中的苦与乐。戴尔公司的多元化与包容性管理主管当时建议我们应该建立自己的论坛,正如他们所说,其他论坛都成了明日黄花。这个完全自营的论坛被称为 EMEA 地区多元化与包容性管理论坛。现有成员在旅途中遇到新成员时可以推荐新成员加入,唯一要遵守的规则是新成员必须在 EMEA 区域或全球范围内工作(而不是只专注于一个国家)。

当然,多年来,各成员都在努力为这个论坛制定更详细的协议,但柔性措施意味着它容易管理,也不是由委员会来运营。成员轮流主持会议,并负责议程的制定和执行。他们往往每年会晤四次,轮流在英国和欧洲之间进行,也间或召开一些特别兴趣小组会议。该论坛有个特别有用的功能,若你遇见一个问题,你可以把它发送给整个群组,通常情况下,你会收到至少 10% 成员的回复。

还有一些外部社交网,促进个人层面上的发展(而不是聚焦在公司层面上),例如英国的城市女性社交网或是职业女性社交网在全球 24 个城市有超过 3500 名的会员,每年举办 600 多场活动。例如澳大利亚和英国的腾飞集体社交网等个人网络是为企业家们量身定制的。当公司想要甄别外部支撑从而推动特定员工群体在个人层面上的参与度时,这类的社交网是非常实用的资源。

我们自知本节中未提及你的公司内可能存在的内部社交网,这一点我们将在有关"社交网"的章节中详细讨论。然而,这里需要强调的是,公司内成熟的内部社交网影响可能很大,它不仅可以在外部树立形象,还在内部支持你的实施目标。

更成熟的内部关系网会为客户举办有关商业主题的活动,例如非洲的电力供应、准备非执行职位、新书发行等个人发展主题。他们有能力锁定客户，与来自其他公司的成员、该领域的专业人士和潜在的新员工建立联系，从而在人际关系网发展蓬勃的国家提升你公司的品牌知名度。这些活动和联系还可以吸引来新的业务关系，在招聘时增强公司的品牌形象，甚至利用这些活动来筹款回馈当地社区。

最后，2014 年的弹出式或一次性论坛也非常强大，弗勒召开了一次为期三小时的会议，重点讨论了 LGBT 议程以及如何在全球范围内取得进展。参与此论坛的公司包括巴克莱银行、IBM 公司、汤森路透和葛兰素史克。本次会议是通过全球网络直播形式，会议规模超过 1000 人，并在如何具备思想领导能力方面取得巨大成果。

在你参与论坛和外部社交网时需要考虑的领域包括：

- 有大量的交际网和论坛可以满足你在研发过程中不同时间点的不同需求。做好你的功课，明确不同的国家和地区可以给你所在公司带来什么，哪些可以帮助你实现你的未来目标、多元化与包容性管理战略和实施计划。
- 当你参与任何论坛时，请检查会议议程的质量、参加该次会议的其他公司，以及你本次的参与将获得什么。
- 如果没有一个论坛或社交网专门关注对你来说很重要的领域，你总能有机会举办自己的论坛或开设自己的社交网，前提是你能找到合适的人并能分担工作——优秀的多元化与包容性管理专业人士总是热衷于分享知识、与人协作。

## 思想领导力及研究

这就来到了需要考虑的最后一个要点：谁会在那助力我们，且看看周围存在的大量有关思想领导力文章和研究课题。我俩都目睹了越来越多的公司发表研究报告和综合思想领导力文章，涵盖多元化与包容性多个主题。例如，瑞信研究院发布的《CS Gender 3000：女性在高级管理团队中的地位》报告，该报告重点关注的是管理团队中的多元化。

对于许多公司来说，这是一种行之有效的方式，它可以将公司的品牌和多元化与包容性管理理念联系在一起，同时也提高了公司现有情报水平、推动议程和做进一步外部讨论。这些都是你和你所在的公司进一步接触多元化与包容性管理时所需要考虑的问题；然而，记住当你启动时，从已经获得的信息来综合考虑是重要的一点，这些已知信息将支撑你找到变革的依据，构建你自己的战略计划。

在写这本书的时候，我们在互联网上搜索了"多元化与包容性研究"这个短语，竟出现了 1.09 亿个词条。信息之大很容易就让我们淹没在海量的信息中，同时也会质疑一些研究的质量。于我们而言，不可能列出来自世界各地的所有可信的研究和信息来源，但你会在整本书中看到，我们分享了我们在工作中使用的思想领导力文章和研究成果。以下是可帮助你获取所需信息的指南：

- 明确信息的用途。它会是用于增长某一领域知识，加强理解的一般性研究还是将它用作一份战略规划文件中的参考文献？
- 精确定位你要查找的信息，严格按照你的要求进行搜索。例如，搜索"多元化高层领导团队的投资回报"会比搜索"多元化高层领导团队的影响"更有针对性地找到对财务底线产生影响的文献。
- 了解你的目标受众认可的人——许多公司都对自己认定的行事靠谱的商学院和研究机构有偏爱。例如，克兰菲尔德大学（Cranfield University）在其进行的性别多元化研究中被认为是可信的。这当然很重要，但是这不能阻碍从其他机构分享和使用的机会，这些机构往往不那么被大家周知，但他们提供的信息是相关且有价值的。

- 在你的交际网内，向他人请教他们用过的信息、他们发现的有用的或发人深省的讲话，从中找出你目前的工作所需的数据和信息。从其他人那里获得对他们有用的经验是非常有价值的，特别在你刚刚起步的时候。

希望本章能让你清楚谁在那里助你开始。当然，随着新公司、新网络、新论坛不断涌现，新话题层出不穷，这是一场永不散席的盛宴。但在旅途中你可选择的机会不可胜数，因此你只需要确定你最想要的选择。

# 本章五大要点

- 访问现有的基准报告，并审查可用于支持你的信息水平和可获得的见解质量。
- 仔细考虑你会加入哪些基准和章程（如果有的话），并清楚地说明这么做的目的。
- 审查现有论坛和社交网的成员资格和议程，并考虑他们将如何为你助力，为此你可以参加几个会议以厘清想法。
- 创建你自己的个人、公司和论坛的联系人列表，这些人可能会在你的多元化与包容性管理旅程中帮到你。让你的联系人列表来自不同行业，以确保你能时时挑战自己的思维。
- 构建一个思想领导力的文章和研究资源库，它将继续丰富你的知识和更新你的理念，确保你能与时俱进。

# 第二部分

迈开大步

# 建设团队

空谈一句很容易，日日践行实在难。

——阿瑟·戈登　作家

本书第二部分重点介绍进入 STAR 框架和实现"迈开大步"过程中的关键点，同时我们也会讨论一些既可以提高公司全面参与度又可以如常嵌入业务中的关键元素。

在本章中，我们考虑要建立一个更广泛意义上的团队来支持和驱动多元化与包容性管理战略的实施，并赢得从董事会到基层员工的支持。

## 建立更广泛的团队

重要的是要创建合适的团队和基础架构，以确保在整个多元化与包容性管理过程中作出有效的决策。这些决策将包括正确的报告机制、适当的支持级别以及来自整个组织的合适资源。

在这个阶段，许多多元化与包容性管理践行者成立了多元化与包容性管理指导委员会或咨询委员会。对弗勒个人而言，她对此并无兴趣，但她的同仁却非常依赖这些群体。她曾与两个这样的群体共事过，一个在她任职第一个多元化与包容性管理公司时，另外一个在她任职的第二个多元化与包容性管理公司时。这两次，她都发现真正意义上的会议是令人振奋和鼓舞人心的。来自各个领域的高级领导都出席了会议并且愿意花时间找出问题并商定行动计划。然而,在会议结束时,他们往往会回到日常工作中,依然是让多元化与包容性管理专业人员去实现他们的愿景。

夏洛特在一家公司创建了一个"多元化指导小组",由首席执行官担任主席,公司所有业务领域和职能部门代表作为活跃组员。公司同意他们作为指导小组组员的身份纳入各自的绩效管理计划中,他们的贡献将纳入他们的整体绩效衡量标准。起初一切进展顺利,直到首席执行官开始邀请夏洛特主持会议。而这就暗示着首席执行官并没有做到"言行一致",……组员开始拖延,而首席执行官极少让他们对公开承诺要完成的预定成果直接负责,进展因此非常缓慢。很快,指导小组进行了改革,并直接向董事长负责,而董事长因此确保了首席执行官及其直接下属最终对管理实施情况负责。

弗勒发现,最有效的方法是让首席执行官和董事会执掌议程,而不是依赖于辅助性指导小组。在安永,她还要求各地区任命一位多元化与包容性管理合伙人作为担保人(向关键运营利益相关者汇报)。大约一半地区推行了这一做法,取得不同程度的成功。合作伙伴必须要愿意发挥作用(即有真正的兴趣),并为区域进步对区域管理合作伙伴负责。他们必须定期向关键多元化与包容性管理利益相关者表示支持,同时他们必须能够促进合作关系。合伙人—担保人角色在英国运作良好,每个员工社交网都有担保人。他们扮演着社交网主席的角色,最重要的是,对社交网负责人来说合伙人—担保人们扮演了良师益友和赞助者角色。这种高水平的运营方式对于运营社交网的个人来说无疑是巨大的回报。

对你所在的公司来说,什么是正确的可能取决于员工基数的大小、地理位置以及类似其他重要项目的管理方式。切记要将促进公司发展落到实处,而不是随波逐流地创建基础构架。

尽管从一开始就创建恰到好处的团队结构极其重要,但也要意识到在整个项目职业生涯中要进行不断变革。例如,随着工作的进展并融入到业务的其他方面时,可能会决定将你的指导委员会进一步整合到现有结构中。并且从一开始就要确定支持项目的实施专家和专项投入来自何处。

## 何处安放项目办公室?

无论公司规模大小,要确保任何变革的发生,必须有实施小组或个人负责确保战略规划和行动计划每天执行。对于一些人来说,这可能是一个专门负责执行的多元化与包容性管理团队。对其他人来说,这可能是他们日常工作的一部分。以上各有利弊,需要考虑以下一些方面:

### 专业的多元化与包容性管理团队

优点

- 优先保障实施战略计划的专门资源。
- 有机会委任该领域专家以变革的深度、速度和专业水平。
- 外界认为,应该与这个全职团队一样,持续关注该问题。

缺点

- 没有权利创建更广泛的公司。
- 缺乏与其他公司的合作。
- 有与核心业务驱动因素隔绝的危险。

### 融入其他角色

优点

- 更多意识到这是融合角色的组成部分,而不是孤立的。
- 让其他在本议程内工作的员工增长知识,有利于公司内全面可持续发展。

- 为如何有效地执行和融合议程不断带来可供公开讨论的不同视角。

缺点

- 可能会导致日常工作优先,多元化与包容性管理慢热,可能导致进展延迟或受阻。
- 可能会导致公司内部专业人员知识有限,从而影响实施质量和速度,或将注意力放在错误的优先事项上。
- 外部可能会认为该公司没有认真对待这一事项,只是说说而已。

无论公司以何种方式实施战略规划,重要的是要认真对待"项目办公室"的职责且让其在公司有一席之地。

在审核和决定适合的管理架构时,你需要考虑以下几点:

## 哪些是直接可用的?

你是否已经有一个完整可用的团队?你是否需要创建个新的?请注意:如果已有合适的公司的内部结构,那么一定要确保其是正确的,但不要将其硬塞进一些与你目标相悖的公司结构中。例如,如果你的多元化与包容性管理战略要关注的不只是员工这一个层面,那么就不要使用人力资源或劳动力管理体系。如果你这样做,很可能会导致你的战略规划除了员工层面,其他都失去监督。

## 管辖范围

如果你决定创建一个特定的指导小组,务必弄清楚该小组负责人员的职责所在。这将取决于该公司的规模以及该项目的大小。

该指导小组是否负责一个或多个国家内的某个项目？在一些拥有大规模项目的公司中,它们创建了分层治理公司结构,在地区一级设有专门的指导小组,指导小组随后向全球指导小组报告。这种结构的案例可以在图7.1中看到。指导小组的规模和职能将取决于战略规划的远景及其方向。

## 职责范围

从一开始就要明确清楚指导小组职责所在。很多时候,它最终可能沦为只说不做的聊天会。小组在那里纯粹是为了确保工作进程和进展,还是学会做些事情使小组显得更“像小组”？对一些人来说,指导小组可能是这两者的结合体;然而,无论什么对所在公司有用,都要务必明确其在职权范围内。

他们各自的行事会对小组会议频率产生影响。那些更专注于战略规划实施结果的团队自然会召开更多的定期会议以确保一切顺利进行,而专注于战略规划实施进展状况的团队其会议召开频率会低一些。在任何情况下,重要的是势头不要削弱。因此我们建议,任何小组,不论职责如何,至少每三个月举行一次会议。对于一个专注于行动的小组,我们建议至少每月开一次会,项目初期更是如此。

职责范围应包括:(1)小组工作概览;(2)小组职责范围;(3)组员组成和纠纷处理规则;(4)对谁负责;(5)会议频次;(6)组员轮换制度,包括任职期限、如何错开轮换,以确保不会出现员工全体轮新的情况。

## 谁将担任委员会主席？

对于一些公司而言,最基本的要求是首席执行官或董事会主席必须是是多元化和包容性指导小组主席。如果这两个人中有一人担任主席，势必会提高委员会知名度和地位。然而，谁担任指导小组主席将取决于小组要做什么，是提供保障还是实施行动？如果首席执行官或董事长担任小组主席，如果出现紧急事件，他们就可能在最后一刻取消会议。你也能吸引想与首席执行官或董事会主席现场互动的人参与小组；但是，这些人可能并不是可以推动指导小组有实际进展的适当人选。

毋庸置疑，指导小组主席应由公司高级领导人担任。他可能是执行委员会另外一名成员（首席执行官直接下属），比较理想的是该人与业务而不与人力资源管理相关。

## 谁做小组成员？

指导小组应该由在公司内部极具影响力、在员工内部极具威望的人员组成。而这将在很大程度上取决于多元化与包容性管理战略的管辖范围和涉及范围，因为你必须确保本战略规划的各个要素在各级别在指导小组内部都有代表。例如，如果想知道客户如何看待你的公司，那么团队里必须配备负责营销或品牌声誉的人。仔细斟酌这个小组的成员构成，因为他们能使战略的执行容易得多。

在本章的前面部分，我们分享了夏洛特为客户创建的公司结构，该公司结构涵盖了多元化与包容性管理指导小组的区域概述以及它对之负责的全球公司结构。以此为起点来考虑你所在公司中需要什么是不错的选择（参见图 7.1）。

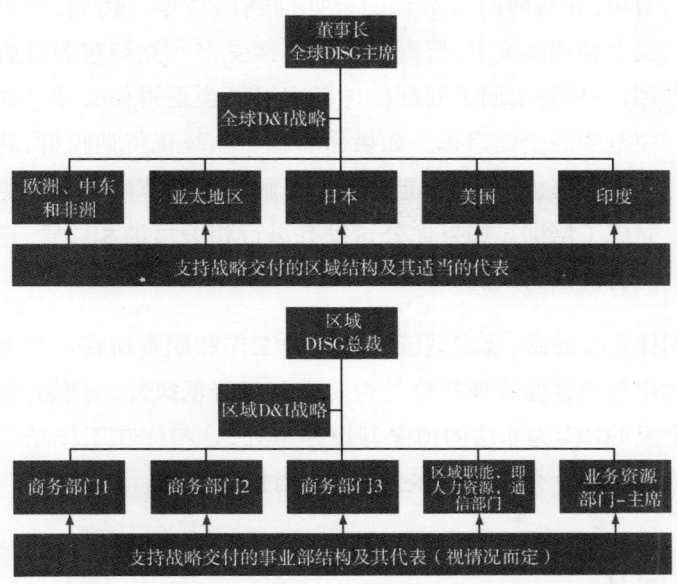

**图 7.1 治理结构**

# 风险发掘

无论公司决定在多元化与包容性管理上做什么都存在风险要素,这就要求我们提高风险意识和增强理解能力——要知道,即使决定"什么都不做"也是有风险的。许多公司会用一些方法来评估风险,根据风险的严重程度、风险发生概率和风险可控程度等来决定是否向董事会报告。

多元化与包容性管理战略的发展有三个关键举措:

- 明确公司如何在不同地区对风险进行分类。
- 明确风险在何处汇报。
- 回顾你在多元化与包容性管理方面的工作,创建合适的风险清单,并与你的董事会商议如何利用清单。例如,在英国的民事仲裁制度下,所有员工都要接受多元化与包容性管理培训,一项要求同工同酬的仲裁案可能会逼得你必须开展全公司范围的全面审查。如果你面临一项歧视待遇投诉,并已诉至仲裁庭,仲裁庭可能会要求了解培训细节以及有多少员工完成了培训。如果你公司没有进行相关培训和监管,这很可能会被归为风险。

同样重要的是,要宏观统筹公司的工作和职责所在。同时要评估多元化与包容性管理战略是否对有利于降低风险。例如,如果你在一个视 LGBT 为非法的国家开设办事处,这与你在工作场所的性取向的立场有什么关系?你会如何应对挑战?

## 影响评估

评估多元化与包容性管理策略的实施对今后的影响是有效管理整个计划的关键因素,在"评估影响 变现受益"一章中有更细节的论述(详见第 17 章节)。重要的是在此确定评估报告去向何方、读者是谁。报告内容和报告方式都将对宏观管理产生影响,同样我们也要考虑报告如何融入现有面向董事会、执行委员会、股东及其他利益相关者的报告中去。

有效的管理不仅是创建一个指导小组,让首席执行官担任主席那么简单。它还包括方案实施和进度报告、方案实施谁负责、风险如何升级、进展向何处汇报以及如何确保变革一定产生。做到这一点,创建一个更具多元化和包容性公司的道路将会更加平坦。如果你决定忽略这一步,在没有弄清楚以上任何一项情况之前,就一头扎进去,那么你很可能会以失败告终。

## 赢得公司高层和基层支持

如果你读到任何关于如何有效管理变革的案例和例子时，许多人会说，"它从顶层开始"。这是对的。要确保变革的可持续性和坚定性，就必须有来自高层的可视承诺。这里要注意的是"可视"承诺。你见过的机构中没哪个机构不在其网站或企业章程上郑重注明吸纳和挽留合适人才的重要性，以及这对他们业务成功的重要作用。

很难找到一个高层领导公开表示多元化与包容性管理对企业没好处，实行精英管理模式并非正确。这些言辞都十分优雅，但这如何真正将其转化为"可视"承诺呢？你应该还记得在本书前面提到过这样一个事实。菲奥娜·伍尔夫爵士担任伦敦金融城的市长期间他们开展过一项调查，发现市内84%的公司表示他们已经获得来自高层的承诺。然而，在这些公司中，只有15%的员工表示，他们看到高层领导的语言承诺转变为实际行动；只有13%的员工表示，公司践行的多元化与包容性管理对他们个人产生了影响。

人才/人力资源是关键，对多元化与包容性管理战略的成功实施至关重要，因为它很大程度上与你的员工有关。然而，由于某些原因，难以使员工都参与这一议程。在弗勒的第一个多元化与包容性职务中，"人力资源部后来参与了多元化与包容性管理领域与其他业务领域的合作（尽管她是HR），但事实上人力资源部门部长并未参与。"而正是这个原因，可以知道她是一个排外的（而不是包容的）领导者，只喜欢和她最喜欢的人一起工作。她也因为弗勒的职务是首席执行官任命而失望，因为这意味着弗勒可以直接与首席执行官及其领导团队接触，却不是通过她来推动工作。

人力资源部门内弗勒的同事小组也感觉到弗勒派应该做人力资源方面有趣工作,大多数她要求他们完成的任务给他们带来更多而不是更少的工作量。例如,在招聘方面,她要求他向人才供应者提更多要求,从而从更广的人才库中寻找人才。他们知道,寻找一个多元化的候选人名单可能需要更长的时间,因此需要与猎头公司更深入地合作。她还要求他们为残疾学生开办暑期实习项目,并在常规的传统招聘平台之外的大学里去找更多不同背景的人才。

对于夏洛特来说,她接受当时的首席执行官工作委托,她的人力资源同事是这些工作的关键利益相关者,她非常失望的发现她的同事们很少担起责任来考虑用稍稍不同的方式履行自己的职责。夏洛特研究了许多公司人力资源专业人员的观点并发现人力资源专业人员通常认为他们知道在工作中如何践行多元化与包容性管理理念。然而,当涉及到计划实施的可行性时,许多人并不理解,也不愿意寻求帮助,因为别人都认为他们应该对有关人员的议程了如指掌。然后,夏洛特与人力资源团队密切合作,以发展他们在多元化与包容性管理的技能和知识。

弗勒现在供职的公司,从整体上看,拥有一支更天然的支持性人才团队。很多人总是在寻找新的、更好、更有效的做事方式所以她知道当他们正在开发并投入一个新的领导和发展项目,他们大部分人自然而然会运用多元化与包容性管理策略。当他们审查他们的人才项目提名时,他们会自动保证候选名单的性别是多元化的,并积极要求供应商将多元化与包容性管理嵌入正在开发的所有项目中。

赢得支持者还需要与那些能够听取他人意见的人打交道,而这些人不一定是传统公司结构图上的人物。

想想那些在整个公司中拥有不同权力的人，他们也许能够以某种方式支持多元化与包容性战略的实施。

---

需要考虑的权力领域包括：

- 来自于某人所在位置的合法权力。与一个人的头衔和工作职责有关。你也可能听到这被称为位置权力。
- 取决于你认识哪些人的人际权力。你认识公司内部有权势的人，并在公司内部有发言权。
- 源于个人专长的专家权威。这通常是一个拥有广受赞誉的技能或成就的人。
- 信息权力来自于能够接触到有价值或重要信息流程的人。
- 感召权力来自那些受人喜爱和尊重的人。
- 奖励权力基于一个人获得奖励的能力。这些奖励可能会以工作分配、假期调休、薪酬福利的形式出现。

---

当考虑到外部利益相关者时，你需要考虑的有：哪些人员、监管机构和客户很可能对你的进展产生影响，他们的承诺和参与在哪些方面是有益的，以及他们的观点和投入是否受到公司的推崇？例如，英国律师事务所的管理机构——英国律师协会（law Society）对该行业内的法律发展和法律责任有着明确的立场，并希望所有律师事务所都能签署一系列承诺文件。当你考虑到利益相关者和你可以从其他人那里得到的承诺时，如何使用它呢？

要支持创建一个内部和外部利益相关者良好网络，一个重要的步骤是创建一副导图。有多个方法可以做到这一点。图7.2中包含了一个公司关键涉众的基本思维导图示例。

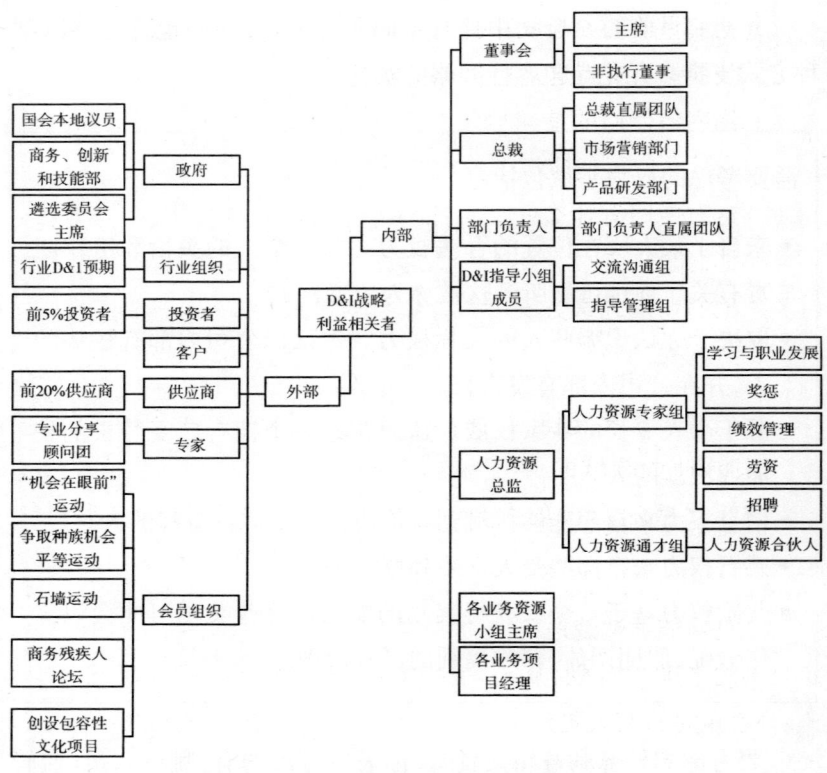

**图7.2 关键利益相关者**

一旦强有力的利益相关者网络创建完毕,现在应该考虑以下几点:如何影响他们? 如何获得他们的承诺? 他们如何帮助你并真正融入团队的。如果没有正确的计划和准备,这将无法有效地完成。

一旦明确利益相关者是谁,请为他们每个人考虑以下几点:

- 他们对这一议程的影响力有多大?
- 他们还影响了其他哪些对这一议程很重要的人? 例如,一个可能与公司董事长有重要关系的主管团队,这对你的未来很重要。

- 他们目前的参与度和投入度如何？你听到他们说了什么，看到他们为支持这一议程做了什么？
- 你期望他们的参与度和投入度的理想状态怎样？他们应该说什么？他们应该做什么？
- 这对他们有什么好处？他们为什么要这么做？为什么这对他们很重要？
- 他们在推进这方面可能面临的挑战是什么？你如何克服这些挑战？

我们在第3章"创设变革依据"中提到，对于某些公司来说，道德、法律或商业领域的依据是他们改革的驱动力；个人也是如此。因此你需要找出自己的关键驱动因素，并将你的精力聚焦在该领域。

一旦你能够清楚地回复每个领导者和利益相关者，你就可以创建自己的影响力计划，从而确定获得他们承诺的阶段性计划。例如，列表中是否有人更擅长公开讲话，以便他们能够支持你，构建你的影响力小组。例如，具有"威权"的人可能能够鼓励他人参与，从而使得他们受到尊重和喜爱。

一旦创建了计划，就可以执行了。你周围的人是否可以与他人讨论计划并获得他们的观点？先从与主要利益相关者展开讨论开始，然后在每次会议之后进行审核，并从中获取任何学习要点，以便对未来的讨论和方向进行微调。

谨记：你们的讨论至关重要。有如下原因：首先，讨论不仅提供分享你观点的机会，并能借此树立你具有"专家能力"的形象。其次，讨论也使你有机会了解利益相关者观点，倾听他们的意见，并从中调整如何获取你的关键信息。最后，这也是你们获得他们承诺支持这一议程的机会。

要非常明确"获得他们的承诺"的实际含义。对于一些人来说，可能只是会在未来的某次讲话中浅浅提及，而对于其他人来说，可能会更多地实际参与或者可能会让他们的直接下属承担责任。明确你想看到的承诺结果，明确各个级别员工预期的结果，确保你不要落入许多人曾经掉落的陷阱，因高级利益相关者可能言行不符。

一旦你得到了他们的承诺，不要以为你在与利益相关者交流上就高枕无忧了。在整个项目中，你必须继续与你的每一个利益相关者建立关系，不断提及他们的承诺，并确保这种关系是双向的——即双方都从中受益。随着项目的进一步推进，可能需要审查和调整各利益相关方的承诺水平。

弗勒记得，一位市场同行告诉她，她的首席执行官承认多元化与包容性议程，觉得这很重要，但却并不是紧急事项。确保人们对此持积极或中立的态度是非常重要的，因为你最终可能会把时间和精力花在那些不支持你的人身上。

获得高级领导团队、重要的内部影响者和外部利益相关者的承诺，是推进议程以及以你为核心构建团队的关键一步，确保你的实施计划是可持续的，并将过程中遇到的障碍降到最小。你从一开始创建的利益相关者导图将随着他们的来来去去而不断变化发展。确保你保持这种水平的流动性，并确定你进程中每个不同的部分的关键利益相关者是谁。

# 本章五大要点

• 在建立广泛团队和开发利益相关者导图时，一开始就采用良好的监管模式。

- 建立良好的团队利益相关者参与度——你将带谁踏上这个旅程？谁在支持你？
- 在确定利益相关者是谁以及他们如何影响议程时，考虑不同的权力动态，并考虑如何利用这些优势。
- 明确相关人员的角色和职责，各司其职，并持续明确他们的责任。
- 仔细考虑你是否需要一个多元化与包容性管理指导小组。考虑实施战略规划所需的监管，并确定是否存在可以向其报告的现有小组，或是否存在额外的需求。

# 沟通变革

为了有效沟通，我们必须理解，我们每个人的世界观不尽相同，并将这种理解作为我们与他人沟通的指南。

——托尼·罗宾斯　企业家和作家

我们当中有多少人在一个信息不互通、交流甚少的公司中工作过，我们中有多少人只能通过同事间的八卦来填补沟通空白？答案其实是我们大多数人都如此！

做到有效地沟通以及确保大多数员工都能参与其中，实在是言易行难。任何改变的一个重要因素是如何在整个方案周期前后做到与所有人沟通，多元化与包容性管理也要贯穿始终。

在本章中，我们将介绍如何创建正确的关键信息，提供正确的沟通计划，使用正确的媒体以及将多元化与包容性管理理念和策略调整嵌入日常信息中，这些都是成功的关键。

## 关键信息创建

古语常言道：告诉他们你要告诉他们什么，告诉他们，告诉他们你告诉了他们什么。

为你的多元化与包容性战略和管理计划创建部分关键信息，经过深思熟虑和一致的讨论后，这将确保所有利益相关方都能在公司内部各司其职。创建反映公司已经讨论的主题的关键信息也很重要,给人的印象是多元化与包容性管理理念和策略在支持业务战略实施方面有显著的地位。

你创建的关键消息应该包括充分并且可靠的信息。同时,它们应该具有一定程度的灵活性,使得措辞能够与其他关键信息点结合使用,或者根据传达者的个性进行调整。例如,首席执行官的信息传达风格可能与市场部门经理的风格不同。如果你创建了元叙事,那么在创建整体愿景时,现在是时候看一看,因为这有助于你创建关键信息。

关键信息的示例可能包括以下几种:

- 作为一个全球性公司,重要的是我们要吸引、培养和留住最优秀的人才。这意味着确保我们的文化和价值观反映了我们的员工和我们创建的社区的多元化。
- 我们知道,拥有多元化和包容性的工作场所将支持我们开拓新市场的战略愿景。
- 多元化和包容性(D&I)管理通过创造一种文化,让人们在工作中做自己,让他们想留下来,从而提高了我们吸引和留住最优秀人才的能力。
- 我们考虑到不断变化的全球人口统计和期望,多元化和包容性(D&I)战略旨在响应公司员工给予的反馈,从而支持我们的业务管理。
- 对我们来说,这不是关于简单的完成任务或所谓的政治正确性,而是一项业务需要,这将支持并使我们能够更好地理解和响应客户日益多元化的需求。

想想你想要确保关键信息无时无刻渗透到各个利益相关者。

在执行战略规划的过程中,不断地检查你的关键信息。与你的多元化与包容性管理指导小组成员和其他利益相关者一起对其进行测试,以确保信息准确传达且能引起共鸣。当你在公司中实施变革时,你的关键信息应该反映出这一过程,以获得最大的效用。

## 琳达·霍尔比奇　霍尔比奇合伙企业创始人兼董事

多元化与包容性和业务之间的界限越清晰越好。你必须实现"双赢"。对我而言,最重要的目标群体不是最高管理层,而是底层员工。你需要与那个崭露头角的职场新人合作,这样当他们真正到达顶峰的时候,就不会只是驻足于现状。

我曾经在一家家族酿酒公司工作。这是一个工作的好地方,但人们在想法上和态度都保持一成不变。我是通过公司唯一一位非家族董事成员介绍进去的,他看到了公司需要变革。我与仅仅低于董事会一级的高级经理合作,我让他们找出关键问题,并提供工具给他们去调查别人在做什么,从而建立一些基准。

这是个简单而有力的实践,这次实践使人们成为寻求变革依据的积极参与者。也使人们远离了他们通常的环境,让他们了解最新的联系方式和行事方法。加上他们深知自己是团体的一份子,所有人都在倡导变革,而不是孤军奋战。董事会不得不聆听这些高度一致,基于证据而提出的意见,并且成功被说服,在经历180年的一成不变后,董事会采取一些措施来变革做事的方式!

## 计划制定和执行

制定沟通计划的目的是明确自己在说什么,何时说出来以及你对谁说。这听起来很容易,但你不应该低估这对你传达信息的重要性以及难度系数,有时候做到这点相当困难。

制定沟通计划的方法有很多,每个公司通常都有自己的风格。纵观各种风格的计划后,从中找到适合你的方法。

你可以从下面两个例子,找到你的沟通计划及其所需信息:

例1 关注关键信息更新共享,判断它是面向内部还是外部受众,以及何时进行沟通。

| 事 件 | 内部 | 外部 | 信息发布时间 | 渠道 |
|---|---|---|---|---|
| 全体员工信息更新(你说,我做)<br>• 执行委员会的信息——多元化与包容性管理对实施业务计划的重要性<br>• 启动和实施经修订的平等、多元化和包容性政策<br>• 参与英国各城市开展的"创建包容性文化"项目 | X | | 九月底 | 邮件<br><br>首席执行官视频会议<br><br>推特和脸书 |

例2 重点关注关键信息更新,并分享更多关于这些更新的详细信息。

| 事 件 | 小组 | 部门 | 员工 | 新闻媒体 | 政府议员 | 客户 | 其他 |
|---|---|---|---|---|---|---|---|
| 执行委员会的信息——多元化与包容性对管理业务计划的重要性 | x | x | x | x | x | x | x |
| 启动和实施经修订的平等、多元化和融合政策 | x | x | x | | | | |
| 参与英国各城市开展的"创建包容性文化"项目 | x | x | x | x | x | x | x |

无论你决定使用哪种沟通计划,都要考虑以下几点:

- 你想说什么,什么时候说——这应该与你的管理计划相一致,并要考虑到整个公司的沟通反馈。
- 你希望何时与不同的利益相关者分享或更新哪些消息?
- 你希望沟通的对象是谁?是你、首席执行官还是其他人(这与受众和信息重要性有关)?
- 与内部沟通团队合作,确保时间和关键信息与其他通信计划相结合。

在制定通信计划时,考虑如何传播信息以及如何融入更广泛的公司信息同样很重要。为了有效地推进这方面的工作,可采取以下三项措施:

- 与沟通团队建立有效的关系。
- 提高你对关键业务沟通的意识——即明确他们通信内容以及通信的时间计划?
- 给沟通团队提一些建议,告诉他们如何将多元化与包容性管理消息融入到现有的业务沟通中。

## 媒体渠道

近年来,随着企业信息通过推特、脸书和油管等社交媒体渠道被访问,你分享信息的渠道显著增加。作为信息的使用者,我们希望以不同的方式传递信息,比如电子邮件、播客和视频。

社交媒体给公司提供了很好的机会,让它们与联系人进行对话,了解他们的想法,实现双向沟通,而不是单纯地单向下载信息。这是夏洛特在被要求通过推特创建一个名为#95inclusivetips 的活动时检测过的方法。这是一种从粉丝那里获取信息输入和启示性信息的方式,从而了解他们更喜欢的内容,从而创建包容的文化。最后该项目取得了成功,并继续为个人在其公司内如何影响多元化与包容性管理提供众筹的想法。

夏洛特还回忆起在一家公司工作时,她鼓励员工通过视频分享他们对多元化与包容性管理的看法。他们提交了视频,当时就被用来影响多元化与包容性未来管理计划制定,以此还诞生了每三个月制作一个视频汇编,汇集最好的点子,其中包括公司对这些想法的反馈。这确保了员工从他们的同事那里得到沟通,通过分享他们的观点和想法确保整个过程中是双向的。

由每两个相连的人组成的社交"宇宙"每两年翻一番。社交媒体平台在收集用户使用信息的过程中共同发挥着重要作用。例如,在任何一分钟内都有:

- 3125 万条信息发布在脸书上。
- 341,222 条新推文。
- 17,361 次领英个人资料浏览。
- 48,611 张照片发布在照片墙。
- 300 小时视频上传到油管。

鉴于活动量很大,公司应该利用社交媒体的力量来吸引员工。然而,许多公司面临的挑战是,他们的许多技术基础设施并不像我们许多人在日常生活中使用的技术基础设施那样最新。例如,高度增强的安全防火墙可能会阻碍对许多站点的访问,以及过度保护的管理员,他们担心在访问社交媒体时会浪费大量的工作时间。

社交媒体是吸引人们创建更多元化和包容性工作场所的重要资源,并且在许多活动内部频繁使用。例如:

- 多芬发起了一项名为"美丽说"的活动,旨在鼓励女性意识到她们所使用网络语言正影响着她们的自信和自尊。2015 年奥斯卡颁奖典礼期间,他们发布了一段宣传活动的视频;推特技术能够识别出关于美貌和身体形象的负面推文,并实时做出回应,表明用户对他们所说的话有更积极的思考。
- timetotalk 在社交媒体上提升了心理健康状况,鼓励人们通过博客,视频或推特发表有关精神疾病的坦诚对话。根据 Time to Change 的一项调查,47% 的 21 岁及以下人士表示他们发现在网上谈论他们的心理健康问题最容易。

另一个重要的考虑是如何吸引不同年龄段的员工。正如我们所知,随着许多国家的人口老龄化和延长退休年龄,我们现在正处在一个工作场所出现五代人的阶段。你如何与这几代人打交道略有不同,值得考虑。以下是大致的概述:

---

**沉默的一代:1920 年—1946 年**

沉默的一代很坚强,自给自足,喜欢在幕后工作。他们是很好的团队成员,通常不会惹怒别人或挑起冲突。

为了有效地吸引这一群体:

- 用证明和专家背书。
- 这个群体热衷于社会活动,让他们有时间和别人在一起。
- 提倡爱国主义、团队合作和事半功倍。
- 提供如何做某事的详细说明。

**婴儿潮一代:1947 年—1964 年**

婴儿潮一代是伴随着电视、录音带、快餐和信用卡长大的第一代。如今,婴儿潮一代几乎在政府、宗教、医疗、教育和商业等各个领域都占据着重要地位。

---

为了有效地吸引这一群体：

- 提供知识。这个群体喜欢了解全局。
- 给一种新体验。这个群体喜欢冒险,喜欢尝试新事物。
- 和他们讨论技术。这个群体在科技产品上花费最多。
- 尽量通过社交媒体进行沟通。他们倾向使用脸书、领英、智能手机和平板电脑等社交媒体沟通,而不是传统的发短信。

## X 一代:1965 年—1982 年

X 一代成长于一个电影大片、流行音乐盛行,电视、任天堂,游戏男孩超级马里奥,吃豆人,索尼随身听和有线电视的时代。他们被可视图片和图形所吸引,而不是文字。

为了有效地吸引这一群体：

- 通过分享图片和图形的形式来吸引这一群体。
- 信守承诺。
- 提供建议,而不是告诉他们该做什么。
- 从全球的角度而不是地方区域的角度来接触这些人。
- 远离任何威胁他们生活的事情,无论是政治、社会还是商业。
- 直入主题,不要拐弯抹角。
- 让他们了解你,信任你。

## Y 一代:1983 年—2001 年

目前,Y 一代是最大的劳动力群体。他们对北方、美国、欧洲等世界其他地方的消费趋势和市场有着巨大的影响。

为了有效地吸引这一群体：

- 想办法让他们参与进来,让他们感受到自己的价值。
- 保证公开透明。

- 扩大人际圈,让朋友参与进来。
- 为提高交流效率,可以让他们在网上与你交流。

**Z 一代:2002 年以后**

Z 一代很可能成为节奏快、果敢的一代。他们会通过各种渠道快速获取所需信息。

为了有效地吸引这一群体:

- 通过文本和即时消息进行沟通。
- 意识到他们是自发的、不可预测的。不要太局限于形式。
- 让他们有归属感。

当你创建并执行你的沟通计划时,考虑使用不同的媒体渠道,思考如何以一种不同的、更吸引人的方式将你的信息传达给更广泛的受众。

- 对于不同的利益相关者受众,有哪些媒体渠道可用? 这些媒体渠道内外部有什么不同?
- 如何以不同的方式传递信息? 保证在 140 个字以内? 视频? 播客?
- 如何鼓励双向对话而不是独白?
- 你如何才能让信息内容最容易访问和吸引人?

## 适应和植入日常信息

任何有效沟通计划都要确保关键信息在公司范围得到沟通,例如首席执行官的消息,演示文稿和外部访谈以及报价等关键信息。你与通信和公关团队以及内外发言人一起工作的机会越多,对你的战略和计划执行就越好。

让人们谈论多元化与包容性管理的重要性以及如何将其与业务部门联系起来,这是至关重要且不易做到的。随着时间的推移,你越尽力做到这一点,你越对此习以为常,最后水到渠成的完成业务任务。

当你调整并将多元化与包容性管理嵌入到日常消息和通信中时,需要考虑许多要点。这些包括:

- **真实性**:信息内容,信息来源都必须保证其真实性。信息还必须经得起实践的检验。从而使得人们可以分辨出哪些信息是公司内部的胡言乱语,哪些是领导者真正想要分享的信息。

- **个性化故事**:要求他们用自己的语言传达信息,说明这对他们个人和他们的业务部门意味着什么。用一些轶事、例子和故事来讲出他们个性化故事,从而揭示出其中的意义,并将其带入生活,表明他们站在个人立场来理解这些问题(或想要理解这些问题)。

- **措辞造句**:谨慎审核确定的标题。确保措辞侧重于公司的行动,结果和愿景,而不是多元化与包容性管理字眼的标题。夏洛特在她担任顾问的一家全球性公司进行了试点。他们测试了不同国家和部门之间的不同沟通,其标题包括"多元化和包容性——对企业的影响"以及"前进的方向——来自我们首席执行官"。他们发现,平均来说,标题中不包括多元化和包含性字眼的标题更有可能被员工和其他利益相关者打开和浏览。许多人,当然在多元化与包容性管理旅程的早期阶段,如果从标题中没有发现他们感兴趣,切实相关和有益的题眼,他们通常会放弃以多元化与包容性管理命名的标题的任何通信。

沟通是任何多元化与包容性管理变更整体执行计划的关键,因此请考虑谁可以帮助你。在夏洛特的经历中,更成功的变革计划是将通信专家作为多元化与包容性管理指导小组的一部分来支持团队,或作为多元化与包容性管理专业人员的主要利益相关者和合作伙伴。考虑一下这可以在你的公司中发挥作用。

夏洛特专注于让所有层次的人都参与到与客户的互动中来,即参加一种名为"史诗般的体验——每个人都影响着文化"的活动。在这些活动中,夏洛特分享了公司的目标及其缘由。然后,她要求受试者考虑以下一系列问题:

- 多元化与包容性管理对他们在公司中的角色意味着什么?
- 如果他们可以向高级领导人提一个明确的问题,他们会提什么问题?
- 多元化与包容性管理对他们的团队或同事意味着什么?
- 他们可以采取哪三项行动,使该公司实现其多元化和包容性的抱负?
- 他们可以采取哪些行为以使公司实现预期目标?
- 如果他们能给其他人提一条建议来实现这个愿望,他们会提什么建议?
- 他们希望公司做什么不同的事情?

通过这样做,各级员工积极地感觉到他们有发言权,可以影响正在发生的事情以及如何实现目标。他们还亲自确定了他们可以在变革中发挥积极作用的部分。

每一项活动的反馈都会经过整理,并与高层领导和协调多元化与包容性管理工作的人员分享。这些内容在整个公司中得到整合和共享,以继续增加参与度,使员工能够思考他们在这些活动中所做的承诺,并考虑他们的同事所说的话。这些活动每年举办一次,以确保所有员工都有机会正式分享他们的观点和见解,并继续感受到公司在变革中。

## 本章五大要点

- 认真沟通变革并为此制定计划。
- 根据不同的交流对象来定制交流内容,并在可能的情况下定制个人故事,让他们听起来可信。
- 定期回顾关键信息以及它们是如何传达的。
- 使用多元化媒体渠道来吸引不同的受众。
- 谨慎措辞——在通讯中过度使用多元化与包容性管理题眼可能会拒浏览者于门外。

# 偏见与无意识偏见训练

每个人都身怀天赋，但如果用会不会爬树的能力来评判一只鱼，它会终其一生以为自己愚蠢。

——阿尔伯特·爱因斯坦　理论物理学家

讨论多元化与包容性就自然要对"偏见"或"无意识的偏见"等进行讨论。在本章中，我们将更详细地讨论偏见、偏见的影响以及偏见和无意识偏见训练的概况。

## 偏见的影响

生活的常态是我们无意识的偏见，常常会影响我们的决定。不知不觉中，我们更喜欢那些长相、举止以及背景和我们相似的人。我们都自认为心胸开阔；然而，个人经历的不同严重影响着我们如何评价他人。当然，为了生存，我们下意识会自我防御——例如，我们不会直接走到繁华的马路中央，我们也不会把手放在热烤架上。但是，当这种下意识偏见影响我们的工作决策时，我们会错失真正的人才或巨大的机会。

许多不同类型的偏见（无意识或其他），都会影响员工职业生涯中不同阶段的决策。例如，你在评估过程中如何评估人员来雇用某人，或布置特殊项目还是分配加薪和奖金。几十年来，作家和研究人员出版了许多关于无意识偏见及其影响的书籍。学术界已经开发了一些可以匿名进行的在线偏见测试,比如哈佛大学的内隐联想测试(Implicit Association Test)。而在世界各地,企业花费了数百万美元聘请顾问,向员工传授无意识偏见对决策的影响。

你经常听到人们提到无意识偏见(而不是偏见),这是你在培训和发展中经常听到的术语。治愈无意识的偏见有时被认为是多元化与包容性发展的灵丹妙药,但事实并非如此。人们使用"无意识"这个词的原因通常是试图降低个人防备心,如果你认为他们并不像他们认为的那样开放。然而,我们确实想知道,我们是否在无意识偏见的概念上走得太偏远了,我们定义的无意识偏见保护甚至原谅了那些本应该被披露有意识偏见的群体。因为有些人可能会说,对于许多刚刚开始多元化与包容性之旅的公司来说,他们可能并没有处于"无意识"阶段,而是处于有意识的偏见阶段。

一位西班牙合作伙伴最近与弗勒分享了她与两名男性伴侣谈论某女性是否适合晋升的对话。第一个合伙人说这位女性表现并不出色。第二个合伙人则相反。他认为这位女性在最近的一次新业务推介中是不可或缺的一部分,表现非常好,最终拿下了业务。第一个合伙人接着指出她是只是兼职。三位合伙人对此进行了讨论,并得出结论认为没有规定表明兼职工作人员无法晋升。最后,第一个合伙认又指出她将在第二年满40岁,所以太老了,不能得到晋升机会。我们不确定这类谈话是否都可以归为无意识偏见,但肯定存在明显的偏见。

弗勒在阿布扎比的一个会议上听取了欧洲、中东和北非地区和拉丁美洲人力资源主管罗氏讲述了她小时候和她母亲开车时在车里的故事。她妈妈自己要打喷嚏,由于开车她尝试忍住,但最后还是打了个喷嚏,她把车急转直下,差点酿成车祸。小女孩问她妈妈这是谁的错,她妈妈说这是她自己的错——她知道她要打喷嚏了,可她无法阻止它,但她能够降低喷嚏的影响。这位人力资源专家认为,无意识偏见其实可以看作是大脑打喷嚏的一种形式。我们知道它会发生,也经常无法阻止它发生,但我们可以减轻它的影响。

## 什么是偏见?

我们不妨先看看无意识偏见到底是什么。我们的大脑在任何时候都在加工处理如此多的信息,以至于我们需要一个系统来判断孰重孰轻。我们的大脑天生就会根据过去的经验和当前的感知做出这些决定。然而,当我们处于压力之下时,例如工作任务或截止日期,我们最容易受到无意识偏见的影响。这可能导致一个人做出不公正的判断而严重影响未来决策。

有许多不同类型的偏见。例如,在招聘过程中类同偏见的影响,即招聘"同道中人"。这会让我们倾向选择和我们看起来很像的面试人员。证实性偏见则是我们会招聘那些从他身上可以证实我们招聘理念的面试人员,而拒绝与招聘理念相矛盾的面试人员。例如如果你认为有孩子的母亲比没有孩子的女性对事业的投入更少,但在面试中你并没有意识到这一点,你就会从她们的言行举止中推断来证实这一观点。

以下是一些比较常见的偏见:

| 偏见名 | 详　　情 |
|---|---|
| 歧义效应 | 避免丢失任何信息,从而倾向多重意义解释 |
| 先入为主 | 在作出决策时(通常是我们在该主题上获得的第一条信息)过度依赖或"固着"在一个特征或信息上的倾向 |

| 偏见名 | 详　情 |
|---|---|
| 从众效应 | 倾向于做（或相信）某件事，因为许多人也这么做（或相信）。与群体思维和羊群效应有关 |
| 偏见盲点 | 认为自己的偏见比别人少，或者能够在别人身上识别出比自己更多的认知偏见的倾向 |
| 啦啦队长效应 | 人们在群体中比在孤立中显得更有吸引力的倾向 |
| 框架效应 | 根据信息的呈现方式，从相同的信息中得出不同的结论 |
| 事后聪明效应 | 有时被称为"我早就猜到了"效应，即认为过去发生的事件在当时是可以预测的 |
| 负面效应 | 当人们解释自己不喜欢的人的行为的原因时候的一种倾向，将好的行为归结为环境因素，将坏的行为归结为那人的本性 |
| 观察者预期效应 | 当研究人员希望得到一个给定结果时候，因此下意识的操纵实验或者曲解实验数据以得到结果 |
| 结果偏见 | 以结果论成败的倾向，而不考量决策当时的质量状况 |
| 刻板印象 | 没有个人具体信息为基础，而是认定某个特定人群中的一员会有某些特征 |

考虑以上任何一种偏见是什么时候影响你做决策的？你意识到他们有影响吗？如果是的话，你有什么措施来降低其负面影响呢？

## 波琳米勒　伦敦劳合社多元化与包容性主管

"由于我们的个人背景，生长环境，个人经历和工作经验以及家庭价值观不同，我们就会持有偏见。当这些偏见发挥作用并影响我们的行为和决策而我们没有意识到时，无意识的偏见就会发生在工作场所，偏见在人们做决定时影响最大。例如，提拔谁、派谁去执行长期任务，或者把谁带进公司。这些决定会影响人们的职业生涯。

我之前的工作公司，是一家全球金融服务提供商，我们启动了一个项目，旨在解决无意识的偏见，并阻止它妨碍我们建立多元化和包容的文化。我们知道高层领导者中有一个强有力的承诺，并且基层有强有力的员工网络，但我们感觉信息在中间层有点断层了。

我们的员工参与度调查结果证实了这一点。该调查强调，有必要培养中层管理人员与员工互动所需的技能，创造更具包容性的工作环境。我们制订了两项计划：一个是为所有员工提供基本的网上学习课程；还有一个是专门为中层管理人员设计的项目，旨在帮助他们理解和认识偏见，并传授一些管理偏见的技巧。

培训是一个持续90分钟的课程。我们在全球各个办事处的50余人可以通过网迅公司 webex 参加任何一次课程。会议由一名主持人主持，对很多参与者来说是突破和参与讨论的机会。嵌入式偏见培训从一开始就是我们一个重要目标，因此培训是管理人员发展计划的参与者以及我们的高级管理人员亲子运动委员会的必修课。当然，一次会议不足以改变行为，因此后续培训非常重要。我们开发了一系列工具，包括一组视频小插曲，事实证明这是一个非常强大的资源。它们是为了深入了解主角们的想法，并真正强调偏见在决策过程中的作用。经理们发现它们作为复习课程非常有用，特别是当他们即将要进入面试的时候。

我们还建立了一个在线社区,蓬勃发展的经理们用它来讨论他们的经历并分享实用技巧。一位经理解释说,在接受培训后,他决定转而通过电话而不是面对面的方式进行所有的首次面试。让他意识到他自己的偏见是如何阻止他以真正客观的方式评估面试者的。而通过电话交谈消除了一些障碍,创造了更公平的竞争环境。

随后的调查显示,接受过培训的经理们的参与度更高。他们也更有可能留在公司,培训了一年之后,该公司推出在三年内提高妇女在高级职位的数量的目标,因此我们能够对此有所衡量,并发现了在管理团队和公司中的高层女性代表显著增加。

我们意识到,尽管得到了积极的反馈,但仍然没有我们预期中增长那么快。问题之一是问责制:如何确保人们展示出更具包容性环境的价值观和行为?我们决定将"无意识偏见培训"扩展到所有员工,包括那些没有参与管理的员工。这样一来,每个人不仅意识到自己的行为,也意识到其他人的行为。我真心认为如果你想带来那种深刻的文化变革,你必须让每个人都参与其中。

有很多方法可以帮助人们消除他们的偏见,比如:

- 在做决定之前先停下来三思。
- 经常回顾你和其他人的决策,以求客观性和成见。
- 了解你做决定的驱动因素——你是根据某人风格而不是他们的成果来判断一个人吗?

然而在每个阶段都要审查员工间是否存在根深蒂固的偏见这一点至关重要。例如,一个常见的偏见通常发生在在线毕业生招聘系统中。在许多公司,如果你没有达到第一或二等一学位的门槛,你就会自动的被拒之门外。

弗勒曾经和一位优秀的化学家共事,她得过嗜睡症,因此当时没能完成学位期末考试,而且考试的压力几乎危及生命。她所在的大学教授很乐意告诉别人她所有的课程都表明她可以取得一等成绩,但这对在线申请流程毫无帮助。

我们已经说过,无意识的偏见是没有"根治"的方法,但是可以通过提高人们认识偏见的意识来改变。研究表明,如果当人们做决定时有意识的考虑偏见,可以减少无意识偏见的影响,因为这并不是长久之计,所以必须不断地训练。

偏见的其他例子包括:

- 坚决不要把重要项目交给普通职员,因为他们完成任务需要花费漫长的时间。而交给一流员工完成,他们可以高效完成。(你也许是对的,你决定的意图是好的,但这只是个人的选择。)
- 我们再举一个看似过时却仍然发生的例子,即进入一个有三位男同事一位女同事的办公室,就会下意识认为这个女同事是资历较浅的。
- 质疑为什么有人要求用盲文制作评估中心的文件,认为如果他们看不见,肯定无法做会计核算。
- 给男人而不是女人更高的奖金,因为她不像她的男性伴侣那么在乎,因为她不是家里主要的经济支柱。
- 不会招聘新婚女性,因为你认为她可能会在未来几年休产假。
- 不会雇佣残疾人士,因为他们可能病得很重。
- 要求你的团队必须呆在办公室里工作,因为你不相信他们在家会努力工作。

几年前,汇丰银行(HSBC)制作了一些发人深省的广告,完美地总结了我们的人生经历是如何塑造我们的世界观的。它们是由一系列图画组成的。其中一个例子是一张带有假日图案的帐篷的照片,旁边是一张游轮甲板上写着"地狱"的照片。最后他们换过来了,帐篷上写着"地狱",游轮上写着"假日"。你觉得露营有趣还是更喜欢乘船旅行? 同样的道理也适用于工作场合:你是否很看重一个人在办公室里的穿着,换一句话就是你是否会因为他们穿的是西装而不是休闲牛仔裤,错误的判断了一个人的能力?

可口可乐公司制作了一个营销活动,仍然是标志性的红色可口可乐罐的图片,但他们删除了该品牌名称,取而代之的是他们加上了标题"拒绝贴标签"。他们把宣传活动的重点放在我们如何下意识想给所有东西贴标签,此营销活动旨在挑战这种想法。

## 偏见和无意识偏见培训

如果你能与你的观众互动,那么大多数培训都是有价值的,但根据我们的经验,很多无意识偏见培训在当时是很有趣的,但没有什么持久的影响,也没有任何措施来证明它的成功。但这对提高意识很有好处,研究告诉我们,提高意识和减少偏见之间有直接的联系,但你必须经常这样进行意识训练,特别在重要的决策阶段,否则意识就会淡薄了。只要有机会,我们的大脑就会迅速恢复到最舒服的状态——我们的大脑是认知的懒惰鬼,竭尽全力节省时间和精力。

在弗勒参加的一个网络研讨会上。神经学家大卫·洛克博士指出,如果你有大脑,你就有偏见。他建议,你能做的最好的事情就是提高对这种偏见的意识,而不是花大量的钱在几乎没有长效影响的训练上。人们倾向于喜欢 UB 培训——这是一种无论是在工作中还是下班后的智力上的投入，它解释了我们可以下意识看到的人们所做的事情，但并不是对其他人的职责，而这一过程称之为"无意识"。然而，这种训练的缺点是，人们往往提高的是别人的偏见意识，而不是自己的偏见意识。

洛克说，有50—150种不同类型的偏见和问题，你如何才能做到培训每个人？他建议，解决办法是专注于你的员工动态，关注偏见可能在哪些地方产生影响，而不是试图训练每个人。尽管如此，我们已经看到并体验了一些良好的偏见培训，培训至少提高了人们的意识，即使影响是非常短暂的。

例如，在安永，他们有一个基于网络的学习工具（WBL），提醒管理者偏见如何影响决策。要求他们在年度绩效管理周期之前每年完成一次。总的来说，这是有一定作用的，但当培训过程中使用了一个命名为"及时雨"的excel电子表格时，结果发生了真正的变化。绩效排名是根据会议上达成的协议实时输入到电子表格中的，这样审查委员会就可以根据性别检查评分的分布和公平性。

WBL提供了偏见潜在影响分布的统计数据，介绍了一些看似简单却包罗万象的现象。当我们看同一个东西，但会看得不一样，让大家想想语言以及陷入刻板印象是多么容易。例如，她在会议上不怎么发言，因此她没有领导才能。WBL还对导致偏见的原因进行了研究，比如说，当人们在时间紧张的工作情况下容易导致偏见。同时WBL还帮助个人思考他们如何挑战自己和他人。

现场研讨会如果是互动的，也会很有趣，这种方法的吸引力在于我们"在一起"。这不是关于少数群体和差异群体，而是关于我们的大脑如何工作以及它对我们世界观形成的影响。不应忽视无意识偏见训练的挑战以及这将产生的感知影响。夏洛特曾多次听到员工在离开这类培训后开玩笑说，"由于我的偏见是无意识的，我对此无能为力，因为我意识不到自己在做什么"。

《哈佛商业评论》的一篇文章《脸书的反偏见培训项目做对了什么》中强调，提高对偏见和无意识偏见的意识（正如许多培训项目所做的那样）不足以产生预期的改变，也不是促成改变的主要原因。这篇文章认为，为了实现变革，任何干预措施都应该使员工：

- 接受偏见必然会对他们产生影响。
- 提高他们对后果的担忧意识。
- 确保他们愿意学习改变他们的偏见行为倾向。

所有这一切的关键是让员工能够讨论和考虑什么时候偏见对他们的行为和决策产生了影响。例如，当你考虑到你的团队的工资增长，或者你决定谁将会参与刚刚摆在你办公桌上的那个真正令人兴奋的项目时，偏见意味着什么？如果不将其落脚到人们在日常生活中的行为和决策上，那么你所传递的任何无意识偏见都将是浪费，而不会对创造一种更具包容性的文化产生任何重大影响。

## 本章的五大要点

- 我们都有无意识的偏见，有时这是有帮助的。
- 并非所有在工作场所产生的偏见都是无意识的。
- 对某人的偏见没有"治愈方法"，培训只能治标不治本。
- 关键是找到保护你的业务和人员流程免受 UB 影响的方法。

# 人才管理——从招聘到职业发展

当雇员认定自己在管理层眼中是全面发展的人才，而非一名普通员工时，他们在工作中会变得更有成效，更加愉悦，更有成就感。

——安妮·穆尔卡希　美国施乐公司前总裁兼首席执行官

员工职业生涯的任何一个阶段(见图 10.1)都有可能偏离平等、多元与包容的发展轨道，这可能是公司业务或者是聘用流程导致的(有时是两者同时作用的结果)。例如,公司招聘宣传手册的影响。如果手册内罗列的优秀员工是清一色的年轻白人,说明你在向老一辈人和少数族裔群体传递的信息是——在这里他们没有工作标杆甚至不受公司欢迎。类似这样的问题解决起来难度不大,但是有一些问题深深根植于你公司的管理理念和实践中,处理起来比较棘手。

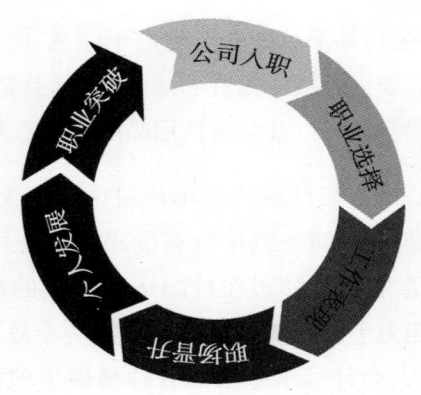

图 10.1　员工职业生涯

在接下来的两章中,我们从多元化与包容性的视角来看雇员职业生涯的不同阶段,进而确定关键性难题来源,并设法解决。本章节重点关注从员工入职到职业发展的所有相关要素。

弗勒回忆起某公司曾聘用一名外部专家从多元化角度评估领导力模型。该专家写了满满两页 A4 纸的反馈,涵盖了需要改进的各方面。但是,该公司仔细分析后,认为如果当前运营模式发生太多改变它将会被改造得无人和它再有关联。所以,改变的关键在于把握平衡。

除此之外,确保你认可所聘用的相关内部专家,并共同探索雇员职业生涯中的每一个组成要素。比如,你需要和通讯部门或营销团队一起致力于品牌对外推广,或携手人力资源专员完善绩效管理流程。

# 公司入职

## 提前招聘和公司品牌

很多人对于公司外部品牌的态度过于随意,向公众传递信息时同样如此。例如,如何提拔资深优秀雇员,如何打造思想领导力,如何发布创新性福利政策,以及如何使用品牌视觉意象。

如今,许多公司在最佳雇主榜单比拼中投入大量时间和金钱,以期获得排名靠前的位置。其中就有优兴咨询公司(Universum)发布的榜单,衡量的主要是公司在校园毕业生中的品牌实力。在英国,弗勒的一位能力十足的领导分享过这样一个故事。一名男毕业生同时收到了四大会计师事务所的管理培训生项目录取通知。他最终选择了安永,因为在英国平等权利机构石墙(Stonewall)当时公布的 LGBT 最友好的雇主排行榜中,安永是唯一一家位列前三甲的公司。

　　研究表明,如果公司雇主品牌不够有影响力,在人才招聘中需要付出更多。当公司定位对外品牌时,确保你的品牌形象设计尽可能多元化,折射出你的意向招聘群体。例如,由白人男性组成的赛艇队的宣传形象,会给一些人留下强势的,野心勃勃的,并且男性主导的企业文化。但是,在非白人群体的眼中,这幅画代表的公司并不想接纳自己这种身份背景的雇员。

　　资深优秀雇员工作往往能力突出,与众不同。前英国保诚保险公司行政总裁——谭天忠(Tidjane Thiamf),在本书编写期间任瑞士信贷集团行政总裁,是英国富时 100 指数公司中屈指可数的少数族裔高管,同时也是有史以来首位担任英国富时 100 指数公司总裁的黑人。如同英国每日电讯报所说,"人们免不了将谭天忠与美国前总统贝拉克·奥巴马相比较,两位的发迹之路都极具传奇色彩"。独特的身份背景,卓越的学术能力,满腔的雄心壮志,造就出一位杰出的领导者,备受商界和非洲社会的期待。谭天忠经常在个人层面上谈及少数族裔身份带来的影响,以及人们鉴于此形成的刻板印象。当他参加英国广播公司第四频道的荒岛唱片节目[①]时,表示如果流落荒岛,会选择带上美国黑人盲人歌手史蒂夫·旺达的一首歌曲——天堂遥不可及,其中一句歌词唱到"为何我的肤色让我不体面,本该平等的世界弥漫着偏见"。

　　美国脸书首席运营官雪莉·桑德伯格在性别平权热议中名声鹊起(不管你是否认可她的新书《向前一步》)。英加·比尔在 2014

---

　　① "荒岛唱片"每期节目会请一位名人,想象他们流落荒岛,选出自己中意的八首曲子一本书和一件"奢侈品"。通过讨论他们的选择,来展现他们的生活。——译者注

年担任英国伦敦的劳埃德银行首席执行官时,率先在英国保险行业着力推动多元化与包容性,以期让保险行业实现名副其实的国际化。在 2015 年年末,她在日本创建了一个企业联盟,说道:"世界变化日新月异,包容的工作环境是创新的基础。我们当前面临的经济变革就如同 18 世纪的工业革命,但是覆盖范围更广。所以需要发扬更加创新的精神,具备更加包容的心态。依我之见,创新应以多元化为本。"

当然,不是所有的消息都是好消息。玛丽莎·梅耶尔(Marissa Mayer)——雅虎公司首席执行官,在宣布终止员工在家办公的制度之后,她在弹性工作制的立场引起巨大关注。许多人很震惊的得知,苹果公司和谷歌公司为延迟生育的女性员工报销冷冻卵子费用的福利! 制定切合时宜的政策谈何容易,但是对于很多公司而言,政策上的失误会带来金钱上的损失。如果你打算去市场为公司寻求最好人才,期待将他们与你一起时能够最大程度参与,或是期待找出他们的消费习惯,你必须明白影响不同群体参与度的因素,而公司品牌往往说明了一切。

以下是你在招聘前需要考虑的几点:

- 明确目标用户群体并且进行有效接触。
- 回顾你的公司内部和外部企业文化形象,如招聘事项,公司年报。
- 确认公司品牌形象大使和品牌粉丝,了解他们的言论,服务于公司。

## 人才库评估

招聘是多元化员工队伍的有力途径,使用人才库的方式更是不可胜数,但是招聘也会是企业多元化策略的拦路虎。我们经常遇到这样一些公司,历经数年时间探索多元化与包容性,在领导梯队构成上取得了值得肯定的结果。更多少数族裔背景的员工获得高级职位,但是这些机构目前雇佣的具有相似背景的普通员工又弱化了人员多元化。

你的公司规模决定了进入市场的渠道,渠道各有不同,很难摸清哪里才是薄弱环节。预算有限时,往往不会借用第三方代理来招聘。所以,公司更愿意通过口碑来招兵买马,一些人称之为“朋友介绍”。如果没有一个多元化人员构成,以这种方式获得各色各样人才推荐的可能性微乎其微。

许多招聘中介机构纯粹是求职简历的中转站,在歧视更加明显的年代,很多此类机构基于性别、国籍和种族等人口统计数据,把投递来的简历毫不在意删除。代理公司在大规模招聘上也许没有问题,但是值得注意的是他们推荐的候选人员构成是否多元化,还要留心他们在人才市场如何塑造你公司品牌形象。经常听到求职者说自己的简历正在审核中,但被拒时没有获得任何相关反馈,这些人很有可能把不愉快的求职经历和你的公司品牌联系起来,而不是想到这和代理公司有关。

猎头公司也值得一提。一些猎头公司确实真心实意地投入,为客户寻求多元化的人才库,而另外一些公司只管推荐,完事后收取酬劳走人。我们已明确眼前有两种关键挑战:

- 用人公司想要快速招人,所以没有兴趣给猎头公司多余时间去精挑细选。
- 猎头公司戴着有色眼镜替客户评估最佳候选人,造成狭隘的评估结果,错失一些和岗位对口的、标新立异的候选人。

如今，许多公司有时通过制定招聘目标来要求多元化的候选人名单，但是往往不如人意。管理层制定的总体目标没有落实在人事经理的具体工作中。用人公司表示，为获得多元化的推荐资源而尽心尽力，但是人事经理一心只想填补职位空缺，最理想的是能找到一个和离职员工类似的候选人。对很多公司而言，确保政策自上而下地顺利传达并且执行，是当前面临的一个困境。

波利斯·格瑞斯堡刊登在哈弗商业评论的研究表明，职场资深女性在工作变动中比男性更加成功。究其原因，有以下两点。

- 有别于男性，优异女性成功的基石在于与客户和外部环境建立灵活的关系。
- 和男性不同，考虑工作变动的女性衡量的因素更多，尤其是文化契合度、价值观和管理风格。这些策略促使女性在新公司过渡更加顺利。

---

通过第三方公司招聘时，请注意以下事项：

- 确保代理公司了解你的公司致力于接纳多元化的候选人，并与代理公司沟通，获悉其人才推荐来源和渠道。
- 代理机构中至少有一家以推荐多元化候选人见长。在很多地区，候选人多元化往往体现在性别上，对于其他的群体比如残疾人或是要求弹性工作制的人给予的关注明显不够。
- 确保代理公司承诺为候选人面试提供帮助。
- 确保代理公司同你在多元化与包容性的理念上步调一致，并且告知候选人公司多元化与包容性文化的发展。

---

夏洛特跟一家公司接洽时提出了一些建议,这些建议在和招聘代理公司业务往来中能派上用场。代理公司应该每季度向客户方反馈招聘目标完成情况。如此,代理公司时刻面临一个潜在的威胁,如果他们拿不出一个清楚、可接受的理由来解释招聘需求未达标,会直接导致后期业务流失。

如下文所示:

---

### 招聘代理/猎头公司——多元化需求

我们机构对应聘者一视同仁,坚定地秉持员工多元化信念。作为我们信任的商业伙伴之一,我们要求贵方在招聘过程中承担以下工作:

- 向我方证明贵方和负责招聘的员工参加过关于公平招聘的法律法规的良好培训。此外,公司证明将多元化与包容性和职场偏见纳入其员工培训和发展,并且支持促进多元化的商业伦理道德案例。
- 定期评估公司推荐名单中人员构成多元化,必要时可采取措施照顾到招聘名额不足的群体。
- 推广并且积极参与实现多元化(如参加专题研讨会、讲座、论坛)。
- 每个职位的决选名单必须包含男性、女性,以及不同身份背景的候选人。
- 若公司无法遵循以上约定,需向我方解释。
- 我方不希望为达成既定招聘比例而降低推荐名单质量。
- 我方将会对以上标准按季度评估,望公司就所有空缺岗位向我方提供候选人名单统计数据。

---

- 若公司代表我方做招聘宣传,请确保宣传用语不带任何歧视,申明我方对求职者一视同仁的立场,并且重视多元化,致力于营造包容的工作环境。
- 鉴于我方期望增加中高级岗位的女性和多元化背景人才比例,欢迎基于人才需求预测来推送优秀资源。
- 若代理公司连续两季度未达到上述要求,我方有权解除代理合约。

另外一种方式是让雇主进行市场定位调查,确定人才来源。向招聘经理展示形形色色的人才库是非常有效的,但是把候选人变成正式员工离不开招聘经理的投入。市场调查的另外一项好处就是你可以和意向候选人有效接洽,一段时间磨合后,也许发展成雇佣关系。我们和猎头公司沟通时,他们表示,相比男性,与女性接触并且在提供工作支持上所付出时间更多。

同样,制定招聘目标也要深思熟虑,目标要具备可行性。一家有名的国际猎头公司曾经拒绝规定女性比例的目标,因为即使她们自己是女性也无法就候选人性别做出承诺。整体上来说,经验丰富的第三方公司更愿意在候选人名单中规定少数族裔群体的占比或者人数下限,比例通常随着不同地区和部门而变化。

在本书编写之际,劳埃德银行对外宣布"禁止全男性候选人名单"。他们向招聘公司表示,符合要求的女性候选人至少要占到三分之一,否则招聘工作无法继续开展。此行为是否合法,人们众说纷纭,其实这取决于不同地区。但是在英国,大部分律师认为这种操作完全无误,只要能解决好职场女性比例不足的问题。

但是,若非该岗位职责只能由女性承担,否则要求清一色的女性候选人是违反法律规定的。2014 年,夏洛特为英国部长大臣做独立调查时得到确认。当时,她调查的是招聘公司在吸收女性进入董事会中发挥的作用。期间,她采访到许多相关利益方,其中不乏富时 100 公司的董事长、投资人、行业机构,积极寻求董事会职位的女性以及招聘公司本身。

根据调查结果,她提出了适用于公司、投资者以及招聘公司的十项建议,其中一条就是关于全女性候选人,就此她还向英国平等和人权委员会(EHRC)寻求解释。该委员会称在若有男性求职者符合某一岗位要求时,故意将该岗位只面向女性求职者是不合法的。官方的解释让事实更加清楚。

以下这十条建议来自"为董事会吸纳女性成员——招聘公司的自律性规范——开始下一步"研究调查。无论企业目前招聘情况如何,都应该参考这些建议并加以调整满足公司需要。

1. 猎头公司在与客户公司协作中,应认真讨论初选名单中的每一名女性,至少选出一位女性候选人,重点推荐用人公司邀约面谈,并且将其列入董事会备选人之一。
2. 自律性规范是最基本的要求,猎头公司应该设立更高的标准,比如怎样进行员工评估,员工进入高层的门槛。
3. 采访中涉及大量关于不同阶段下人才搜索和招聘的讨论,内容例如初选名单制定,决选名单出炉和正式入职。招聘公司应该积极收集这些信息,并应政府要求分享统计数据。
4. 通过对猎头公司网站的分析,仅有 25% 的公司明确承诺自律守则。只有 12% 的公司分享了女性雇员进入董事会的数据。

（1）猎头公司应该在网站信息分享,推广记录,与客户沟通时更加开诚布公。

（2）猎头公司应该主动分享数据以及推荐成功的案例。

5. 猎头公司最终是要响应客户的需求。所有的富时350指数公司应督促招聘机构遵守准则。招聘公司应在所有的代理合同和协议中阐明,完全遵守自律性规范。若无法遵守,需要给予合理解释。

6. 一些利益相关者坚持认为没有足够多的女性符合进入富时350指数公司董事会的能力。那么我们应该建立一个具备相应资格的女性员工数据库,作为现有人才库的补充,更能助力于将有才华的女性推选入董事会。

7. 采访期间,小部分思想开明的投资者积极询问富时指数公司在董事会性别多元化上的作为。但是,仍然有大量的投资人对此知之甚少。

（1）投资界应在这个议题上发挥更加主动的作用,激励公司更进一步完善计划和行动,致力于创造男女均衡的董事会。

（2）告知投资界性别多元化在董事会人员构成中的重要性,包括如何提出合适的问题,追寻什么样的目标,以及如何做出理想的回应。

8. 调查期间,出现了一些关于女性比例的讨论,有人说初选名单中女性占比30%,还有人说全女性决选名单。为了调整董事会性别比例,而把男性求职者排除在入选名单的做法,一直以来存在法律上的争议。英国平等和人权委员会应该给出指导意见。

9. 自律性规范公开度不高,受访者表示难以顺利找到招聘公司相应的内容。为了确保信息透明,政府网站(英国商业创新技能部 BIS)应单独设立一个板块,公布行业规范、招聘方,以及遵守自律性规范的案例。

10. 英国审计实务委员会(FRC)颁布的公司治理准则规定"董事会候选人的遴选和任命应基于客观标准,并适当考虑董事会多元化(包括性别多元)"。推选管理层人员的自律性原则应在审计事务委员会的官网上列出,待下次信息跟新时,可供参阅。

致力于与从少数族裔群体中选拔人才的公司进行合作是合法的。美国和英国的教育平权组织与黑人和其他少数族裔的学生一起共事,为他们提供实习平台,乃至协助他们获取研究生入学资格。另外一家在英国被称为助残行动的慈善组织和其他机构合作,为有学习障碍的人争取实习机会。

## 马丁·斯温——葛兰史素克公司多元化与包容性部门 全球雇佣关系前副总裁

2016 年是葛兰史素克制药公司运营 SEARCH① 项目的第四个年头。每年都有一批年轻人的生活发生巨大改变,为职场带来积极影响,在各个方面表现远超人们预期。

这个项目理念简单明了:专为 17 至 24 岁的严重残疾年轻人士提供就业培训和支持。葛兰史素克公司每年培训 12 名学员,提

---

① SEARCH 项目专为有学习障碍的人设立,促进残障人士就业。葛兰史素克公司目前负责在英国私营部门中推广该项目。——译者注

供授课场地，笔记本电脑和工作机会，时间为每年9月份到次年6月份。与此同时，当地西泰晤士学院安排授课老师，一家坐标伦敦的慈善机构——"助残行动"负责提供职业顾问。

在培训期间，学员需要在公司不同部门实习三个月。工作重点放在学习标准化、重复性的任务上，比如说递送邮件，清洁卫生，在用餐区或者员工商店服务，或是更新电子表格。可选的学习内容种类繁多，互动性十足，葛兰史素克确保学员能够体会到职场存在感。公司实习绝非是把别人不愿做的事情丢给学员，而是帮助这些年轻人发现自己的长处和天赋，并提供锻炼的机会。

在每年年底，公司会举行正式的结业典礼。之后，职业顾问继续提供就业方面的帮助。到目前为止，葛兰史素克公司的结业学员就业率高达70%，令人难以置信。如果没有外界的帮助，这些年轻残障人士找到工作的几率微乎其微。部分学员结业后甚至留任公司，一名男学员目前任职行政岗，一名加入了卫生小组，另外两名进入信息技术部门，还有一名女性负责相关园艺工作。

该项目的亮点除了促进就业，还带来其他利好。年轻学员们自信心大幅提升。项目伊始，他们就被当做正常人对待，所以忽然之间身边有了非常多的榜样，开始跟着其他员工学习行为举止和人际交往。不仅收获了工作技能，生活技能也大有长进。

公司其他雇员也获益匪浅。在开展项目的第一年，葛兰史素克公司意识到有必要加大员工培训，帮助大家了解目的是出于选拔人才而不是博取同情。鉴此，公司开办了一个短期的培训课程，从而规范员工行为。

例如：员工沟通要做到清晰明了，还要注重时间观念。

对于葛兰史素克而言，这使关爱残障人士的企业文化焕发出新的活力。树立真正的自信意味着身患残疾也不影响工作，融为在英国有一家名为"特殊招聘"（Rare Recruitment）小型非盈利性机构，该机构研发了一种有趣的"情境模拟面试"，专注于寻找和帮助相关学生获得工作机会，他们走传统应聘渠道时四处碰壁。这种新的培训方式，意味着除了参考专业学习成绩，还要为取得相应成绩而克服的困难，以及个人所面临的社会经济挑战，从而形成对求职者更加全面的看法。

建立在丹麦的"行业专家"（Specialisterne）机构业务范围覆盖全球，创立之初，大部分雇员为自闭症患者。现在通过与其他公司合作招聘，推送具备优秀商业咨询能力的自闭症求职者，他们完全可以胜任比如软件测试、编程、公共及私营部门数据录入的任务。除了发掘人才，这家丹麦的机构提供申请和入职指导，在必要时安排面授培训。俄罗斯也有一个类似的公益项目叫做"职场之路"（Path to Career），每年为身患残疾的年轻专家们举办一场比赛。入围决赛的选手可以参加简历撰写、个人演讲和团队合作方面的培训。

如今有两种全新的人才筛选模式夺人眼球，一种是"返聘"，另一种"再实习"。在第一种模式中，用人机构需要去接洽那些离开工作岗位多年，但对于回归职场饶有兴趣的人。这个术语来自人才创新中心进行的一项早期研究，该研究发现，女性在待业后再就业困难重重。现在，这个概念适用于因各种原因而失业的所有群体。

2005 年，雷曼兄弟（Lehman Brothers）启动了一项名为"重返职场"（Encore）的全球项目，借此回应这项调查研究。他们曾举行持续一整天的分享活动，有来自业内不同领域的演讲，重点讨论过去 5

到10年间发生的变化。还有一场关于职场轶事的会议，指导参会者重新审视个人履历和待业期间获得的丰富经验，最后还邀请了一名成功回归职场的女性分享诀窍。

重返岗位的员工实习期通常比较固定，若安排得当，他们仍可获得丰富和有价值的经验。摩根斯坦利（Morgan Stanley）认识到成功的职业生涯往往充满了变数。他们创建了"回归职场"（Return to Work）实习项目，该项目旨在帮助有工作经验的专业人士在长期待业后重回工作岗位。在为期12周的带薪实习中，根据技能和兴趣安排工作岗位。项目结束之际，部分参与者可获签全职劳动合同。如果与转正机会失之交臂，求职者至少在以后的应聘中可以吸取经验。

如果你单纯依赖网络招聘，首先就要保证你的网站是完全可访问的，建议使用"伯克利网络访问站"或者是联系"商业残障论坛官网"。"完全可访问"意味着所有的网页内容，包括便携式文档和图表对不同类型残疾人士均是可见的。第二点，确保你发布的工作规范和线上筛选技术适用于具体职位，并且求职者不会被无关因素影响而失去求职机会。比如，网站上的设置，小到网页字体，大到在线测试，这些和具体工作无关的因素，会对患阅读障碍的求职者产生明显的影响。

一旦你浏览并访问了人才库，下一步就是进行有效的评估。

## 候选人才库有效评估

在实际评估操作中，确保所有招聘负责人了解个人偏见影响招聘结果，并且确保他们在过去几年间接受了多元化与包容性为主题的培训。设计面试问题要围绕个人工作能力，杜绝任何偏见。定期追踪求职者背景多元化，如此，方便确定招聘过程可能遇到的困难。一些前瞻性公司已经开始转移面试重心，以前的面试基于工作能力,注重求职者在特定岗位工作经验。现在面试看重个体优势,按照求职者个人喜好和长处来选拔人才。

## 丹·查理兹 安永英国和爱尔兰招聘主管

自 2009 年起,我们在审核申请时聚焦求职者个人优势。不管是面向研究生、本科生或者本科生以下学历的岗位,所有的申请者由以下八项标准评估:适应性、分析能力、协作性、驱动力、成长能力、自豪感、人际交往和职业道德。在这种方式下,我们对候选人的喜好、积极性和所长了然如胸。

我们每年都会和求职者、合作伙伴、利益相关人交流沟通,不断完善招聘流程,跟踪调查申请人数和质量是否符合公司要求,确保招聘效率。在调查中,我们发现申请者的个人优势和考核表现成显著正相关。这证明重视特长不仅有助于网罗具备合适技能和禀性的人才,在获得更广泛的人才库上同样奏效。

我们现在希望可以进一步突破招聘的门槛,取消对于申请者的学历背景要求。过去,我们要求申请者至少获得二等一学位①,或者是 UCAS 300 分(英国大学和学院招生服务中心),相当于在 A-level(英国学生的大学入学考试课程)中三门考试取得 B。每年收到的 25,000 份简历中,估计有大约 4000-5000 人因为未满足以上成绩要求而被淘汰。淘汰者中不乏有许多能人本可以为公司所用。有趣的是,在校学习成绩和工作考核关系其实并不显著。

成绩的硬性要求对于一些特定群体来讲有失公允。研究表明,来自非洲和加勒比地区的学生获得二等二学位的几率更大,社

---

① 英国学位等级:3 年平均成绩 70 分以上为一等学位;60-69 分为是二等一学位;50-69 分为二等学位;40-50 分为三等学位。——译者注

会经济背景明显影响学业成绩。所以，与成功无必然关联的聘用标准的干扰使人才库规模缩水。

优信咨询作为一家专注于在学生与企业之间建立紧密联系的咨询公司，曾经开展过一项有意思的研究。他们就关于职场多元化和包容性向来自欧洲、中东、印度和非洲的4.2万名学生提问：多元化与包容性意味着什么以及期待从意向公司中获得什么。结果表明，受访者首先最在意的是自己的种族身份，其次是个人社会经济背景。我认为我们公司关注这一领域，并且发挥带头作用是非常要紧的。

就进一步消除偏见而言，取消学术要求是一个巨大的飞跃。这并不是说高学历的候选人不再备受青睐，而是我们做到对所有的求职者一视同仁，包括那些学习成绩不理想但其他素质突出的人。

罗伯特·米勒（R. B. Miller）和史蒂芬·黑曼（S. E. Heiman）合著的《新概念营销》一书为我们提供了一个有用的行动指南，包含五个不同方向。

1. 新益求新——促使你认可当前真实的数据。新的信息有助于了解他人的需求、期望以及理想的结果。

2. 反复推敲——检测数据效度，揭示失实的数据，或进行假设验证。

3. 评估态度——确定他人的价值观、态度和感受。

4. 承诺行动——通过确定他人采取的行动，来帮助了解当前处境。

5. 追本溯源——发现某些阻碍行动的问题。

开放式和探究性问题在获取受访者多元化答案上格外有效,比如说,"你能再多分享一点吗"？或者"说说你是如何融入团队的"？

> 避免封闭式提问(你会为会议做准备吗?)
>
> 避免诱导性提问(我想你会……)
>
> 避免多重提问(你会如何处理呢? 是用办法 a, 办法 b 还是办法 c 呢?)

除开问题的设计,你还需要考虑候选人所处评估环境。一些尤其是以研究生居多的公司,青睐于职业测评中心。这些机构本身对某些求职者形成压力,导致其在评估中表现欠佳。况且,不同类型的人社交风格迥异,比如有人天生内向,在高强度工作任务前也许会不知所措。但是,如果测评中心能够实现精准招聘,证明还是有可取之处。如同宾纳·坎多拉(Binna Kandola)所说,应聘者最好认为测评的目的为入职提供助力而不是阻力。

艺术行业就是一个生动的例子,不遗余力地从最广泛的人才库中网罗优秀人才。塞西莉亚·劳斯(Cecilia Rouse)和克劳迪娅·戈尔丁(Claudia Goldin)两位教授完成的一项调查证实,大型交响乐团在招聘时存在性别偏见。为实现公平竞争,他们采取了一种叫做"盲听试奏"的选拔方式。面试期间,一张帷幕将乐手和面试官隔开,乐手甚至需要脱鞋演奏,以确保考官听不到女性踩高跟鞋发出的声响。

盲选的方式对交响乐团人员构成产生了深刻的影响。1970 年,大约 10% 的乐手为女性,但是在 20 世纪 90 年代中期,该比例上升到35%。劳斯和戈尔丁认为 30% 的女性乐手获益于此。

以下是招聘中需要考虑的方面:

- 了解不同的推广途径对你的人才来源渠道的影响。
- 明确对第三方招聘公司的要求，并让他们承担相应责任。
- 确保整个面试过程，尤其是面试问题体现出对求职者的包容性。

# 绩效管理

我们还没有开发出一个零偏见和百分百有效的绩效管理流程。但是，你可以想方设法来减少人为干预。

第一步要做的就是确保求职者对于职位要求一清二楚，具体包括职业目标职业测评，以及职业发展。

SMART 模型在制定目标上行之有效。目前已被许多公司采用。S 通常代表"specific"（特定的），M 代表"measurable"（可测量的）。剩下的三个字母含义不定，取决于用户。

---

- Specific —— 致力改进某一特定方面
- Measurable ——量化或者提出一个待完成指标
- Assignable ——责任到人
- Realistic ——实事求是
- Time related ——严把时间节点，确保完成任务

---

许多组织历来在年中和年末开展绩效管理总结。最近，针对"千禧一代"的职场期望研究使人们重新审视了这种方式。简而言之，除开工作灵活性和团队协作能力，新生代们更在意职场中可以获得实时工作反馈，而不是等着走公司既定流程。组织绩效流程应当纳入全方位考评，必要时进行匿名评价。

进行全方位考评时,必须留心考评环境。环境影响人的判断,比如一些员工对其他同事缺乏足够了解,在评价他人工作风格和经验时,不是过分看重就是过分看轻。下面就是一个非常生动的事例。

简(Jane)在开会期发言较少。有员工就臆断她身为经理应该侃侃而谈,否则就是缺乏自信或实在是无话可说,没有领导的魄力。但是,在同样的环境下,简的上司认为她洞察力十足,愿意当一个听众,对不同的问题了如指掌,配得上团队的骨干成员。

用于考评的数据是相同的,只不过参考标准存在差异。一个人在会议上的说话方式,不仅会影响别人对他们自信心和个人能力的考评,还会影响到被考评人谁的声音被听到和谁能得分等。

研究表明,在绩效评估中,行事风格对行为举止和评价结果有巨大影响。例如,男性和女性事业心表现方式有所不同。某经理认为女性员工缺乏职业抱负,因为在她身上看不到期待中的争强好胜。女性相对温和的行为被解读为自信心低下。自信心不足意味事业心、能力、领导力和升迁准备上都有欠缺。

但事实是女性展现个人抱负的方式有别于男性。在绩效评估中,女性言语表达也不同于男性。在 2011 年进行的一项研究表明,经理们倾向于把男性员工的成功归因于技能,失败归因于运气。但是,面对女性的成功,却认为是工作内容太简单或走了好运。许多女性不习惯像男性一样大肆鼓吹业绩,比起醉心于个人成功,她们更愿意直面自己的弱点和失败。

少数民族群体在这一点上和女性颇为相似。在西尔维亚·安·休利特的美国研究报告《寻找领袖:发掘少数族裔高管的隐性优势》中,她强调即使离开职场,亚非裔精英们在各自的群体有着中流砥柱的作用。但是,同女性一样,他们行事低调不张扬,所以很多公司经理们对他们的潜在影响力一无所知。

以下是绩效管理中待考虑的方面:

- 确保每个人都有坚定、清晰、客观的目标。
- 在讨论和决策过程中,以工作结果为导向。
- 确保你目前的绩效管理流程与时俱进,在人员招聘和激励员工上长期有效。

## 发展和晋升

2012 年,麦肯锡(McKinsey)对 17 家专业服务公司进行了一些有趣的研究。尽管女性雇员的招聘和留任值得关注,但是研究发现,女性面临最主要的问题和职业发展速度有关。

比如女性晋升与男性晋升付出的时间比。在律师事务所,男毕业生一跃成为事务所合伙人的概率是女性 10 倍之多,在会计师事务所,该比率多达 3 倍。调查还发现公司各个层级离职人员中,男性数量多于女性。

如同我们前面讨论过的很多问题一样,这个现象也有多重原因。如果我们将女性职场晋升率和离职率对比,不难看出忠心耿耿的女性员工无法突破职场天花板,然而男性则平步青云,扶摇直上。对此,我们要仔细反思。如果你手握数据,可以尝试算算公司里每一个员工实现升职而投入的时间。

根据你公司的晋升决策,你应该考虑到偏见以及无意识对决策的影响。

- 你的晋升标准是否存在偏见？
- 你如何定义高潜力？
- 所有的候选人都得到了同样的反馈吗？若没有，为什么？
- 所有的候选人都得到了同等程度的赞助吗？若没有，会产生怎样影响？

经常有这样一种言论，与其被困在现有岗位上迟迟得不到提拔，还不如跳槽找个新东家实现职业晋升。但事实不应该是如此。

夏洛特曾深入了解过一家公司的晋升决策会议。会议中，提名的候选人三成是女性，七成是男性。最后出炉的名单中，95%是男性。获得公司首席执行官同意后，她参与了所有讨论环节，甚至有机会将其中一场讨论进行录制（前提是离开会议室前将视频清除）。升职名单确定后，夏洛特对评委们抛出了一系列问题，关于潜在的偏见是否会影响晋升决定。不出意外，所有受访者都表示自己做到了公平公正。因此，夏洛特回放了录像当中的几个片段，证明了偏见确实存在，并且影响讨论过程和最终决策。其中一个录像片段将偏见体现的淋漓尽致。一位高管声称"升职的机会给到女性只能获得她的感激之情，而错失晋升的男性员工就会择木而栖"。很多评委们看完录像后都倍感震惊，这种充斥着偏见的言论竟然没有任何人提出反对质疑。于是，他们承诺再一次审核晋升名单。对参会者来说，观察互动的方式，聆听彼此的言论，感受影响判断力的因素，是一种审视自己是否带有偏见的有效方式。最后，经调整，总升迁人员中女性涨到了25%，这是一个意义重大的增长。

弗勒想起某公司在欧洲大陆办事处的一次有意思的实践。当时，他们请第三方公司充当会议观察员的角色。会后，观察员的反馈基本在意料之内，比如说推荐人提名候选人的方式会影响最终结果。因为有些推荐人能说会道，他们举荐的人才更容易入选。将会议用语对比分析后,观察员发现显然在整个会议中,女性常被冠以"姑娘"的称呼,而男性没有任何其他说法。就此,观察员对评审小组提出了一个问题:"请问谁会把一'姑娘'推选成公司 MD(董事总经理)呢?"

在职业发展中以下方面有待考虑:

- 调查公司职业晋升流程,破除壁垒,确保公平公正。
- 确保参评人认可多元化与包容性。
- 分析员工晋升速度。

# 培训和发展

在第 13 章"包容性领导力"中,我们将重点关注领导力发展项目和包容性领导力培训。但是在常规职业培训中,有三个方面需要从多元化与包容性的角度予以考虑:

- 培训项目的组织。
- 培训内容的设计。
- 学员的选拔机制。

## 培训项目流程管理

培训流程管理不善会对一些人造成困扰。无论是安排本地还是全球培训,你应该考虑培训对象的选择,并考虑能否让所有与会者顺利参加。例如:

- 该培训是否要求住宿? 如果住宿,一些需要照顾老小的员工和弹性上班的员工就被排除在外。
- 培训时间是否与重要的宗教节日如开斋节相冲突?

- 行程是否安排在周五？因为对于需要在日落前回家的犹太而言，这种安排就不合适。一些中东人的周末恰巧是周五和周六，这段时间安排出行也是不切实际的。
- 培训场地是否方便残障人士进出？会议资料是否提前备好便于残障人士获取？

## 培训内容

接下来要考虑的更多的是如何传达培训内容，如何思考平等性、多元化和包容性。从以下几点获悉培训内容往往有帮助：

- 贵方是否将多元化与包容性的关键信息贯穿在培训内容之中？
- 案例分析是否呈现出多元化？
- 团建等此类培训活动设计是否考虑到残障人士如一些患有阅读障碍的员工？
- 设计培训内容时是否考虑到内向或者外向的个人风格偏好？

夏洛特回想起在一家机构上班时，这家公司格外热衷于在培训项目中安排极限障碍训练活动来建设团队。当时她向公司反复提醒，任何活动都得体现出足够的包容性和灵活性，以适应不同能力水平的人。团队建设需要的是全员的投入付出，而不仅针对那些身体素质过硬，具备完成能力的部分员工。但公司对夏洛特的忠告置若罔闻，直到某天一名装了假肢的员工训练时无法爬过绳梯，当时的负责人不得不对这个培训课程做出重大调整，而这一切本可以避免。

## 培训对象遴选

谁来参与活动是另一有待考虑的问题，特别是当我们将员工培

训和职业发展视为他们未来职级晋升的重要因素考量时,这就显得
尤为重要。

- 培训人员名单是怎样制定的?每一个有培训需求的人是否都能参与?
- 培训人员选拔标准是什么?标准是否统一,是否公平公正?
- 你是否定期检查参会人名单以确保人员背景多元化和培训群体针对性?

弗勒记起在某一组织内首次启动全球人才培训项目,其中一家
分区仅安排男性员工参会。负责审核名单的学习与发展团队注意
到了这个问题,回头要求该公司重新提名参会人,公司做了修改,提
交了一份更具多元化的名单。此次事件是公事公办的,无需多元化
与包容性部门干预,这会是你最终希望达到的目标。

与学习和发展团队密切协作,确保以上种种都扎根于考量中。

## 虚拟培训

当参会人员身处不同办公地点时,公司普遍采用虚拟现实培
训,但是这种方式并不总是让人满意。让参会者有代入感并且积极
发言就是一个难题。如果采用电话会议,静音状态下员工往往会因
为电邮、办公室讨论,或者油管(YouTube)上的有趣视频而分心。虽
然,科技的发展和交流方式都取得了显著进步,网络研讨会、网络电
话(Skype)和视频会议改善了异地多方用户沟通。但是,员工参与
度也受到了负面的影响。虚拟会议对于合规培训收效甚好,可在员
工发展培训上操作难度较大。

当弗勒首次尝试对一批很有潜力的经理推出一个针对女性领

导力的培训项目时,她首先为一群来自不同地区的女性试行其中一个模块化的虚拟培训。参与试点项目的女性很欣慰成为职业晋升目标,但是她们也认为很难敞开心扉交流,因为无法看到其他成员。

如果你正在组织内采用虚拟培训,请明确适用和不适用该培训项目的类型,可以从参会者处寻求反馈,了解会议的包容程度。比如,他们的参与感如何、是否能够建言献策?与此同时,你要尽可能使会议过程具备互动性,让参与者集中注意力。

- 合理安排会议时长,促进员工精力值最大化。
- 鼓励提出书面或者口头意见及问题,确保人人均有发言权。
- 提前分享会议材料,促进会议内容消化和吸收。

许多组织在培训结束之际分发意见表,有些企业美其名曰"快乐表",以便获得会议组织实时反馈。你需要思考如何把培训中的多元化与包容性理念传递给员工。员工们是否觉得会议场地出入畅通无阻?他们是否在会议中有机会出谋划策?你需要考虑如何将这些问题纳入到意见收集中。

以下是培训中有待考虑的方面:

- 从包容性领导力视角重新审视你的培训设计和实施方法。
- 适当使用虚拟培训。
- 确保在培训发展评估中考虑多元化于包容性因素。

## 本章的五大要点

- 确保任何第三方招聘代理明白你在多元化与包容性理念上的立场,并且予以积极支持,促进理念传达。
- 退一步看多元化与包容性是如何影响员工生活的方方面

面的。

- 多元化与包容性理念培训挑选员工职业生涯精力旺盛时开始。如果你现在正处于绩效管理周期中间，如何把多元化与包容性的理念融入其中。
- 确保所有员工的沟通交流体现出多元化与包容性，确保所有的品牌设计呈现多元化。
- 在整个人力资源管理群体和其他重要相关利益者中宣扬和分享出色的多元化与包容性实践。

# 人才管理——从奖励到离退

高绩效公司应该致力于为卓越人才营造卓越工作环境，实现卓越工作业绩。

——玛里琳·卡尔森·纳尔逊　卡尔森酒店集团联席首席执行官

在本章中,我们将继续讨论多元化与包容性视角的员工职业生涯(见图11.1),重点关注人才管理中的激励机制和员工离职。

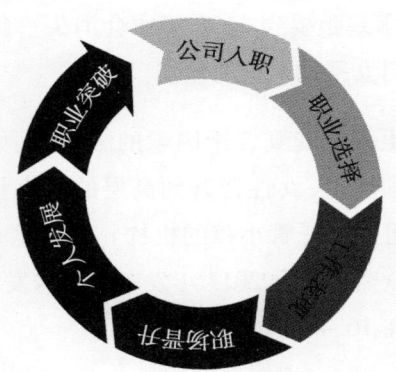

**图 11.1　员工职业生涯**

## 奖励——薪酬和福利

对于许多公司而言,"奖励"包含许多层含义。它可以由基本酬劳,绩效奖金和公司福利构成,各相关组成要素体现出多元化与包容性。不同企业的公司政策,工作实践和工作流程存在差异,所以对"激励"一词的理解上,仁者见仁,智者见智。放眼全球,我们当前面临的挑战在于持续收集的人口统计数据内容过于单调,通常都是关于性别或者年龄。所以,不同的国家需要根据其现有数据资料来丰富奖励。

## 薪酬

所有公司都有自己的薪酬结构。有些受法律约束,有些与劳资委员会协商而形成,但大多数是由员工个人在公司内部的角色和岗位级别或职称来决定。

理想状态下,所有组织都该同意要秉持男女同工同酬的理念。在某些国家,如果女性和男性从事同样的工作却没有得到同等的报酬是违法的。然而,2015 年世界经济论坛发布的《全球性别差距报告》预测,性别薪酬差距要到 2133 年才会消失。(此处性别薪酬差距是指在公司中男女平均工资的差别。)

性别薪酬差距可能受到若干因素的影响:例如,很多妇女在职业生涯中选择底薪职业;女性晋升到高层的几率较小;没有为女性提供财力范围内可灵活托管小孩的机构。好消息是差距正在缩小,尽管速度迟缓。欧盟委员会 2014 年发布的报告发现,欧洲各国的性别薪酬差距保持在 16.4%。

在 2015 年,英国政府做出一大胆举措,称截止到 2018 年春季,员工人数超过 250 人的公司必须公布性别薪酬差距。当时英国的性别收入差距为 19.2%,意味着男性每挣 1 英镑,女性平均收入仅约为 80 便士。

我们尚未找到一家跨国组织,能够在其所有运营国定期审查性别薪酬差距。当组织在一定程度上走向多元化与包容性的彼岸时,却在性别薪酬差距的议题上避重就轻。究其原因,一部分由于开展调查的复杂性,一部分是担心调查中揭示出来的缺点后,公司需要肩负起解决的责任。

以下是性别薪酬差距的部分原因：

---

- 女性工作价值被低估。工作技能、资质和经验要求相似的岗位，如果由女性而不是男性主管，该女性主管往往获得的酬劳低且其工作价值会被低估。
- 决定员工薪酬水平和职业晋升的绩效考核偏向于青睐男性。比如，公司更看重的是具体项目的责任心，而不是良好的人员管理能力。
- 市场本身的隔阂。男性和女性主导不同产业和部门，一些女性居多的岗位收入不及男性。女性在中层和高管中比例不足。
- 传统观念和刻板印象影响。大学中，学习数学、科学和技术运用专业的女性更少。
- 家庭和工作生活平衡问题。需要灵活上班，休产假、陪产假和育儿假。
- 直接歧视——雇员或准雇员因种族、性别、婚姻状况（包括民事伴侣关系）、宗教、性取向、性别重置、年龄、残疾、孕期或产期而受到不公正待遇。
- 无意识的偏见影响员工绩效评估和评级。

---

此外，琳达·巴布科克（Linda Babcock）和她的同事开展了一项有趣的研究，她是卡内基梅隆大学（Carnegie Mellon University）经济学教授。她的研究显示男性和女性员工向公司协商酬劳时采用的方式大相径庭。男性发起工资谈判的频率比女性高4倍，并且要求的酬劳比女性高30%左右。

要求加薪时，女性员工面临的社会风险高比男性员工高。巴布科克从涨薪、职场资源、职位提拔几点进行研究后发现，男性员工和女性员工在发起工资协商后得到的反响迥然不同，因为要求加薪的女性会被认为是对公司"不够友善"。巴布科克随后与汉娜·赖利·鲍尔斯合作（Hannah Riley Bowles）开展了进一步研究，发现尽管男性员工和女性员工在与公司协商工资时都会面临风险，但是女性员工承担的负面影响是男性员工的两倍之多。这在一定程度上说明了女性为什么不愿意贸然要求涨薪以及其要求的成功率。

---

在计划性别酬劳差异审查时，以下是重要注意事项，应该加入你的检核单：

- 确保你了解每个国家的反就业性别歧视法规条款。
- 确保你的薪酬体系公开透明，所有员工对个人所得酬劳巨细清晰明了。
- 为员工建立统一的酬劳制度。
- 以工作需求的客观评估为基础确定薪酬结构，并定期评估。
- 限制基层管理人员对薪酬方案所有相关要素的自由裁量权。
- 审查雇员入职和职级晋升的薪酬标准。如果男性起薪高于女性，那么就可能涉嫌性别歧视。
- 调查职级内部和职级之间的晋升速率。
- 确保公司一系列弹性工作制度适用于全体员工。
- 在有陪产假或者育儿假的国家，鼓励员工休假。
- 定期审查公司薪酬体系，确保相关组成要素发挥激励员工的作用。

---

在这个问题上，我们迄今关注的是员工基本工资。作为薪酬体系的一部分，一些公司也形成了绩效奖文化。令人担心的是，额外奖金会使男女薪酬差异加剧，所以，在发放奖金时也可以参考以上

各项原则。

## 公司福利

除了年休假、病假和养老金等核心福利外，公司还可以提供车补、健身房会员卡和重疾险等额外福利。我们不会细致梳理各种福利，只是提醒你要从多元化与包容性的角度去予以关注。

在不同地区和国家，因立法出发点不同，公司的福利在全球范围内极少会有统一的规范和标准。比如生产假和陪产假（是否能实际提供还另当别论）的规定时间因国而异。在美国，产假期间不一定带薪。而在英国，达到一定服务年限的员工，员工能享受长达 52 周的产假。在部分欧洲国家，产假时间可多达 3 年。在某些情况下，法律为产假结束后重回岗位的员工提供保障。

当然，有许多公司自行提高产假薪酬的法定金额，目前有好几家跨国机构出手尤为阔绰，因为他们对时局把握良好。沃达丰（Vodaphone）为所有产妇提供为期 16 周的带薪假期。产假结束后回归岗位的前 6 个月里，员工每周全薪工作 30 小时。沃达丰此举源于一项委托调查，调查发现实施该政策的财政支出带来的效益远超出资深实力员工流失的成本。沃达丰不失为一个在推进产假福利上受益匪浅的公司案例。

话虽如此，从挽留员工角度看，延长产假不一定奏效。弗勒曾遇到这样一个情况，某咨询公司的女员工享受了 10 个月的全薪产假，但她在这期间一直知道她产假期满后不会回归公司岗位，因为她不愿意承担这一份工作所需的差旅。于是当假期修满之时，她递交了辞呈另觅下家。

延长陪产假时间和提高陪产假待遇则少见得多。这本身就凸显出一个社会问题,人们仍然希望女性承担照顾孩子的主要责任(至少在刚生产完的几年里)。2015年,英国政府实行了一项新的法律,允许新生父亲在孩子出生的头年共享产假时间。这一举动让父母得以内部协商照顾孩子的责任,并且平衡好工作需求和各自兴趣。

大众对于此项立法的反应褒贬不一。一些公司提供的是法律规定最低福利标准,其他公司在此基础上给到产期女性更多更好的待遇,以彰显其慷慨大方的形象。在本书撰写之际,研究调查表明这项政策实施后,共享育儿假的男性员工人数寥寥可数,仅占2%。其他先于英国施行类似政策的国家则表示,可能需要多达10年的时间方能看到转变。尽管法律可能已经调整,但是从公司文化和社会文化层面上来改变观念,发自内心的认为父亲这一方也应该从工作中抽出更多时间育儿,这条路依然任重道远。父母双方共同分担养育责任,这将促进观念向职场女性这一端转变。

在内审公司福利时,要确保对所有员工一视同仁,也要考虑福利政策对于伴侣(包括同性伴侣)的适用性。当你着眼于将员工调动至不同国家时,这一点尤为重要。以下方面需要考虑:

- 如何协助办理申请签证/入境事务。
- 提供哪些就业支持,比如以拨款形式支持员工伴侣的境外生活和求职。
- 生活费补贴成本。
- 机票费用。
- 运输,比如家具和个人物品的费用。
- 相关语言和境外文化意识的培训。
- 探亲假。
- 协助办理境外缴税。

同样值得核查的是，让员工在无需透露个人隐私信息如出柜"LGBT身份的情况下，也可以研究他们自己或其伴侣可以获得的公司福利。

健康保险是另一项实施起来能带来新挑战的公司福利，比如在涉及员工的变性手术时。我们目前了解到的大多数保险公司不会提供涵盖性别重置的险种，因为他们的报销范围不包括所谓的"整容手术"费用。针对这个难题，一家跨国技术公司给出的解决方案是——通过提供此项业务的美国保险公司给员工上保，但是落实保险政策还需要做更多努力。

你可能注意到我们在这里对弹性工作时间只字未提，因为我们不认为弹性工作制应被归类为公司的某种福利。我们将在"工作新方法"一章中深入讨论这个问题。（见第14章）

以下是公司奖励、薪酬和福利方面需要考虑的几点：

- 参考以上项目开展同工同酬调查。
- 考虑员工的多元化，确保公司福利对所有员工适用、公平，并且便于享用。
- 确保公司福利细则清晰明了。

## 员工离职

许多公司期望有一定程度的员工流动，这无疑为促进公司人员构成多元化创造了机会。根据我们的经验，在员工离职问题上，也有很多公司处理不当的案例。比如，许多员工甚至没有参与过离职面谈，还有员工递交辞呈后就备受冷落。

一些糟糕的处理方式源于经理们对员工离职原因的误解和臆

断。例如,在高管眼里,所有女性员工离职都是为了照顾家庭。当然,一部分女性的确如此,但是大部分女性离职原因是多面的。她们可能休完产假后发现自己不受公司重视,错过了晋升机会,而一位男同事已经得到提拔,不相信公司会为自己提供长期的职业生涯提供机会而萌生退意。

如果在你的公司内开展任何一项关于员工离职信息收集的活动,重点是认真审查数据。考虑一下在这个过程中你想要问的问题类型,比如"我曾认为在公司我是可以得到提拔的",看看你是不是可以从这类数据中发现不同人群的差异。这不失为一个很好的时机来消解一些猜测,同时还获得关于公司"痛点"的宝贵见解。正如本章前面提到,当麦肯锡公司在 17 家专业服务公司进行研究时,发现在各个员工级别上,男性员工离职高于女性员工。

我们目前观察到,在积极且策略化的处理离职员工方面值得效仿的做法如下:(1)搭建前员工社交网;(2)制定退休预案;(3)培训资深离职员工成为非执行董事。

## 前员工社交网

一些公司对离职的员工非常花心思,通过搭建前员工社交网或用其他方式保持联系。创建这样一个社交网能为未来带来很多可能。离职的员工也许会在以后的某个职业生涯阶段中重新加入——常常叫做"杀个回马枪",他们现在可能为某个公司的客户或者潜在客户工作,也可能会推荐身边朋友过来应聘,如果实在是帮不了什么忙,至少你会希望他们在业内成为公司的形象大使。整个"杀个回马枪"的做法类似于招聘中所述的入职和实习的概念。

英国巴克莱银行(Barclays plc)就是一家创立了全球前员工社交网的公司。该社交网由一个团队支撑,定期在社交网中发布公司内部动态以及前同事所获殊荣成就。巴克莱每年还举办许多活动,邀请前同事们分享新工作新生活。尽管有人担心公司会面临现有员工流失的风险,但这确实表明了巴克莱对前员工的自豪感,对他们离任后职业成就的关心。

## 退休预案

职业生涯中这一阶段令人既兴奋又忐忑。对于很多花了大半辈子工作的人来说,一想到忽然之间就没有了一个雇主,不用花时间上班,可能是一个巨大的观念改变。一些公司已有觉悟,制定了方案帮助员工顺利过渡。

有些方案可能是向雇员提供如何使用养老金和退休后如何自给自足的财务建议的资源途径。其他的则可能包含更高级的内容如:

- 引入分阶段退休概念,员工可以考虑在确定的几个月或者几年内逐渐减少工作时长,提前适应额外的个人时间。
- 为员工提供个性化的辅导,帮助员工探索自己未来想做什么,比如发掘新的爱好,或者争取一个非执行董事职位。
- 建立这些员工和未来几年即将退休离任人员沟通交流平台,以便他们联系人或同事建成一个交际网,共同讨论职业生涯过渡。

## 非执行董事(NED)

在世界各地许多国家,我们看到政府向公司施加压力,要求提升董事会女性成员比例。法国、西班牙和挪威等国家甚至规定了女性配额。其他国家,比如说英国,在"30%俱乐部(30% club)"和董事会女性（Women on Boards）①等公司中提升了这一议题的影响力。随着员工开始考虑自己退休事宜，一些前瞻性组织正将 NED 纳入其退休规划培训中。一个典型的培训工作坊包括董事会管理概述，NED 岗位描述，获取 NED 职位的途径和方法。

根据地域不同，有多个方法可以用于工作坊，有的是第三方来运作（如英国金融时报），有的通过公司（如德勤事务所），猎头公司和论坛等运作。

接受一个 NED 职位是顺利退休的良策，因为该职位通常是业余的，可能有薪酬且权柄很大，对即将离职的高层管理人员来说值得仔细考虑。这也使个人在职业生涯中获得技能和知识仍有用武之地。

以下是员工离职时需要考虑的几点：

- 你如何从离职者那里收集到最有价值的离职反馈信息？充分发挥创造力思考，因为仅依赖离职面谈是不切实际的。
- 员工离职数据是否让你有所顿悟？比如，某些年龄群体当中的某些同类员工是否相继离开？
- 你如何继续与离职者保持联系？这不仅对公司品牌有积极的宣传效应，而且还能组建一个潜在的人才库，为二次合作提供可能。

正如你在本书前两章了解到的，员工职业生涯中有许多触点。我们的目标是标记出一些"热点"，分享一些可引你深思的东西，而不是去关注某一特定点的细枝末节。

---

① Women on boards：为女性员工提供职业信息和人脉资源，鼓励女性员工进入公司高层董事会。——译者注

# 本章的五大要点

- 持续性审查和改善公司做法以及人员管理,确保多元化与包容性深深嵌入公司文化,焕发活力。
- 收集员工整个职业生涯的数据,不断寻找企业"痛点"和重点关注领域。
- 利用外部讨论和议程来驱动内部改革,比如最近美国、英国、及澳大利亚对薪酬透明化的强烈关注。
- 在考虑将多元化与包容性理念贯穿员工职业生涯时,确保部门经理和负责人明确各自的岗位职责。
- 不断发展和提升知识面,了解其他公司动态,从中获取经验。

# 社交网

一人拾柴火不旺，众人拾柴火焰高。

——海伦·凯勒　作家和政治活动家

如果不提及员工社交网，这本关于创设和实施深具影响的多元化与包容性战略指南就无法成形。近20年来，创建员工社交网是许多公司的重头戏，社交网在多元化与包容性的议题中举足轻重。以JP摩根大通公司（JP Morgan Chase & Co）为例，该公司曾经在全球一度拥有超过200个员工社交网，埃森哲（Accenture）在全球120个办事处有数千个员工资源群。员工社交网意义重大。

从全球化和本地化的角度来看，无论公司规模大小，再决定是否以及如何利用社交网这条道路前进时，本章介绍的很多要点应当仔细考虑。这包括对员工社交网内涵的关注，如何搭建和经营员工社交网，如何衡量社交网对投资的影响和回报。

本章中提到的想法和建议不仅适用于已创建了许多员工社交网的公司，帮助其去尝试重新审视和反思社交网运营情况，而且适用于想要着手搭建员工社交网的公司和员工群体。

## 什么是社交网？为何要建社交网？

《牛津英语词典》将社交网定义为"一个由相互联系的人或物组成的群体或系统"。通俗来讲，我们大多数人每天依赖与他人互动实现有效工作。但在此，我们讨论的是一种更加正式的途径来将单个单个的人网罗到一个群体,而这个社交网既可以是真实的,也可以是虚拟的。

社交网规模大小不一,小到少数几人的非正式聚在一起讨论某个特定话题,如工作场所中的基督教信仰,大到覆盖全球的 LGBT 社交网,无论你身处何处,此类社交网都使用统一的称呼,具有一致的核心原则。

## 员工社交网的内涵是什么?

员工社交网的说法贯穿本章,我们意识到在某些人看来,这可能并没有完全定义出他们的社交网内涵,也没有阐明他们对社交网的愿景。在多元化与包容性理念早期阶段,这些社交网仅仅就是普通"员工社交网络"。然而,随着时间的推移,员工社交网内涵得到极大丰富,从普通社交网转型成了亲和团体、员工资源组(ERGs)和业务资源组(BRGs)。

尽管我们经常纠结于术语的含义,并且会被新思潮趋势左右,但是如果对术语内涵没有恰如其分的理解,反而会造成不利。

毋庸置疑,员工社交网、亲和团体、ERGs,以及 BRGs 本质上都是一回事。但是,我们认为更加详细地进行区分,有助于明确你本人和你的公司与你想法之间的关系:

- **员工社交网/亲和团体**:这些社交网是员工基于共同的兴趣爱好或生活经历而聚在一起。通常有以下作用:(1)提供支持;(2)加强职业发展;(3)增强内部凝聚力。
- **员工资源组(ERG)**:与员工社交网高度相似。此外,他们更偏向于往智囊团方向发展,直接影响公司。EGR 被视为一种影响员工体验的资源,例如,许多组织鼓励 ERG 成员加入到校招宣讲活动,向毕业生们分享工作体验。

- **业务资源组(BRG):**与 ERG 高度相似。此外,BRG 也是获取新知的重要资源,影响员工、客户和消费者。业务资源组提出的不同见解和观点可以转化为解决方案,以满足跨渠道、跨品牌和跨部门的组织目标。

- **包容性社交网:**一些公司明确表示,搭建员工社交网时首先考虑包容性,而不是只关注某特定类型人群。包容性体现在:这是向全体雇员开放的社交网,全体员工可以参与,确保社交网活动日历中多元化要素都得以彰显。有些人可能会争辩说,多元化会削弱群体成员之间亲近程度,比如这些社交网并不一定会让你与公司中志同道合的同事往来,个人从中获得的支持随之稀释,而群体中个别榜样性人物的存在则越发明显。但话说回来,包容性社交网也不是毫无可取之处。在某些员工规模较小的公司中,这不失为一种有效的联络方式。还能带来额外好处:所有的员工,无论其个人身份背景,均能在多元化与包容性的议题中获取广泛的知识和见地。大家有机会定期与不同身份背景的成员交流沟通,共同携手为社交网、多元化与包容性性理念做出贡献。

如今,社交网的整体趋势往 BRG 方向发展,尤其是在那些已经创建好员工社交网的公司中。与其随波逐流,不如明确你创建社交网的目的是什么。如果你才刚刚起步,员工参与度可能是关键驱动力;但是对其他公司而言,当务之急是对于业务优先级的投入。与整个多元化与包容性策略一样,社交网搭建并非一蹴而就。要做的就是专注于对公司正确有利的事情,并且灵活调整。

# 搭建一个社交网并使之起飞

任何一个员工社交网都要在一定程度上达到提升内部凝聚力的目的，从而实现更具多元化和包容性的整体目标。只有让员工们参与其中，众志成城。千万不要单枪匹马上阵，而是要动员其他人一同出力，免得自己落入到了这样一个困境，开展一场声势浩大、备受瞩目的启动仪式，背后却缺乏实质基础或者指导方针。你会得到短暂的知名度和关注，但最后却适得其反。

以下需要花时间考虑：

- **员工的动力源于何处**：他们愿意在什么方面施展才华？现在是否已经有员工自发形成的社交网存在？
- **员工社交网面向什么样的群体**：多年来，人们一直在讨论什么样的员工社交网最适合变性人群体。当前的许多同性恋和双性恋群体也欢迎跨性别人群，对此大众褒贬不一。有些情况下，经历性别重置手术后变成女性的人认为这无关性取向，而是源于自我性别认同，所以她们想要加入普通女性群体组织。但是 LGBT 组织反驳道，跨性别人群毕竟占少数，难以在女性群体中立足发声。
- **文化相关性**：一些员工社交网相比之下更与所处的文化或国家相关。比如退伍老兵社交网在美国比其他地区更受人追捧。
- **员工社交网包容性程度**：社交网欢迎任何有兴趣的员工加入。需要牢记的是很多员工爱好广泛，来往于不同社交群体间。一名来自英国少数族裔背景的母亲也许既想要加入家长群，也想要成为女性群体一份子，或者是有意参加南亚人社交网。

当你考虑到以上几点并确立了自己的立场,我们建议你做以下三件事:

1. 清晰地表达和阐明公司发展驱动因素和成功的关键衡量标准。
2. 获得协助和高层支持。
3. 创建强有力的管理方式,确立社交网权属,明确发展方向。

## 业务驱动力阐释与说明

与之前为"多元化与包容性寻求依据"和"创设战略规划"章节相似,你需要考虑创建员工社交网的驱动力,考虑驱动力占用的宝贵时间和资源,考虑员工社交网能如何对以下方面产生的影响:

- **留任**:是否能够让员工产生对公司的长期忠诚?
- **参与度**:最近一次员工社交网参与度调查结果对你有何启示?
- **文化**:是否有助于创建一个更具包容性的环境,员工体验舒适,愿意交流想法和点子,从而最终改善公司业务?
- **客户/客户品牌**:是否能帮助客户更好地与公司建立联系?这能成为他们希望与组织进一步合作的动力吗?
- **品牌塑造战略**:是否代表员工的心声,帮助培养未来的人才和机构开发战略?是否保证组织可以为雇员和企业本身带来利好?
- **外部认可**:是否能够使公司获得积极的宣传,从而增加品牌对潜在雇员和新客户的吸引力?

当你考虑上述问题时,确保公司驱动力与多元化与包容性战略相辅相成非常重要。对这两者做出明确界定,分清总体规划愿景和交际网对实现愿景的支撑之力同样意义重大。

# 高层领导认可

正如之前讨论中提到设计更广泛的多元化与包容性战略规划时所强调的那样,若有高层领导对那些能精明自如谈及社交网作用员工表示认可和接受,着实有助于加强和提升社交网的重要性。

获得合适的高层支持(当然,常以拨款的形式)是获得员工社交网初始启动力的有效方式。有时,高层领导会愿意从一开始就积极主动参与进来,这能在多个层面带来难以置信的帮助。他们可以传递管理层当前的考量,在领导层充当社交网的形象大使,在社交网内部和外部为社交网说话,必要时能将员工社交网的愿望列入公司业务议程。

参与到员工社交网的领导应被看做标杆角色,态度开放、为人坦诚且真实不造作。耳濡目染下,其他员工自然而然会以领导为学习对象,在公司内部产生良性的连锁反应。领导以身作则是重点。弗勒一直都对于高层支持员工社交,对其高效性赞不绝口,强烈推荐。除了得益于高层的知名度和影响力,员工社交网的负责人和组织者同时有契机学习领导力,获取一些工作经验。

夏洛特在她的职业生涯中听到过很多这样的例子:一位首席执行官推荐一位高级领导作为某个员工社交网络"执行赞助人",因为"他们需要这样的发展"!

## 创建强有力的管理方式,确立社交网权属,明确发展方向

员工社交网创建伊始,若社交网内部结构和管理方式恰到好

处,后续发展则会省时省力。但是,这并非意味着你就得一成不变,墨守成规。随着员工社交网规模变大,比如渐渐扩展到多个点或走国际,影响范围日益广泛,那么与时俱进的变通同样重要。

我们需要考虑的另一个重要问题是"谁为员工社交网负责"?社交网归属权是该由公司驱动和控制,按照公司意愿开展活动?还是最好由员工自行领导组织,自己提出发展重点和优先事项,然后向公司出示依据、请求资源配置和财务支持?亦或是把这两种模式相结合?

不同的公司中,员工社交网创建途径也不同。上述模式各有千秋,下文中提供一些案例参考。重要的是选择适合公司现状的途径和框架,并且能够成功复制到其他员工社交网管理或是公司国内外的其他工作点。

**公司主导型:**

优点:

- 多元化与包容性策略和社交网活动之间泾渭分明。
- 公司决定发展方向和重点。
- 品牌形象和管理体系保持一致。

缺点:

- 创建并且经营员工社交网需要大量时间和资源。
- 限制了员工参与度,因为归属感缺失。
- 社交网目标和社交网目标群体需求不符。

**雇员主导型:**

优点:

- 员工对社交网敝帚自珍,参与感强烈。

- 有助于公司从发起、领导和负责社交网的人中发掘管理型人才。
- 有机会发掘出那些工作场所与众不同的重要议题,这些议题往往员工愿意和同事而不是和公司诉说。

缺点:

- 许多员工将社交网活动的执行丢到一边,处理日常工作优先却只勉强应付社交网管理。
- 潜在地减少公司对于社交网发展方向的影响。
- 员工活动内容欠丰富,公司从中获益较少。

将以上两种模式相结合,雇主和员工双方都投入,是可能取得成功的。因为这样一来,会要求迫切希望为社交网目标出力的员工参与活动。同时,雇主的任务就是为员工分配经费和时间参与活动,并使他们对实现目标负责。

另一个有待考虑的问题是,如何搭建和管理社交网内部人员架构。小规模社交网往往好说,只要人人做到各司其职,就免去了管理上的繁文缛节。但是对于其他社交网而言,创建伊始就要考虑到这个问题。

表 12.1 显示了总部位于英国的某跨国公司所创建的员工社交网信息,其中包含内部人员基础架构和各岗位职责描述。这家公司已成功将这种模式推广到了全球其他类社交网。

**表 12.1**           **社交网构成、岗位和职责描述样例**

| 社交网主席/<br>联合主席 | • 公司内高管员工<br>• 公司挂名负责人,向多元化与包容性管理部门如领导小组汇报工作 |
| --- | --- |

| | |
|---|---|
| 指导委员会 | • 向社交网管委会提供指导<br>• 确保社交网的战略规划与公司的多元化与包容性战略规划及业务行为一致<br>• 在公司执行委会发声并在业务范围内倡导社交网活动<br>• 提供资金和赞助 |
| 管理委员会 | • 制定并执行社交网活动策略<br>• 开发和管理活动内容、活动项目和活动领域<br>• 负责日常行政工作<br>• 负责向指导委员会汇报社交网动态<br>• 在组织内部积极倡导社交网活动<br>• 同其他员工社交网做内外部协作 |
| 社交网<br>活动领域 | • 负责执行商定的活动和项目的开展 |

# 社交网间的协作

员工社交网的主要目的是帮助员工更好地融入集体，为公司贡献个人力量。而不是给人一种"会员专属俱乐部"的即视感。

谈到员工社交网，夏洛特在个人职业生涯中，体会到最常见的批判无外乎是员工社交网可能极快的具有专属性。员工可以创建小群，掌控入群权利，最后以歧视其他社交网或非本群成员收尾。当你竭力想要营造一个多元化与包容性组织氛围时，碰到这种情况就很难堪。

一些公司已采取以下措施，重点解决此类问题：

• 明确规定所有社交网面向全体对此领域有兴趣员工开放。比如：一家公司明确表示，考虑到现在或者将来业务团队中会有残疾员工加入,残疾人社交网非常欢迎部门经理参与其中。

- 修改社交网名称,调整社交网重心。比如,一家大型金融服务公司将女性社交网改为"Balance(平衡)",争取做到社交网内部男女性别均衡。
- 确保所有(区域间或全球)社交网负责人定期会面,交流未来发展规划,商讨如何就活动、项目进行合作。
- 鼓励业内不同公司之间开展社交网合作活动。在英国就有"Interbank(银行间)"专注于聚集伦敦金融城的各家银行社交网,创建交流协作平台,分享工作进度和感受。

理想情况下,员工社交网不应是完全独立的存在,因为很多员工同时选择加入各式各样社交网。

## 将本地社交网推广至区域间还是走向全球?

随着员工社交网队伍的发展壮大,公司极有可能想要将社交网推广,使之面向不同区域或者面向全世界。

与多元化与包容性战略如出一辙的是,社交网创建中,本地化问题始终应该纳入思考并充分尊重。社交网在世界各地策划、发展和运作方式各有不同。

一些公司想要有个社交网,每个地方性分会都有代表向总部核心领导团队汇报工作。因公司规模大小有异,这种汇报方式就可能极其臃肿耗时。另一种迥异的做法是先确定一个地区或全球性统一标志,制定总体发展目标和运作准则,如设立地方联合主管,但地方分部相对独立地、通过协作而非问责制来运营分社交网。这就是安永公司在全球重新定义 LGBT 社交网时采用的方法。

# LGBT 社交网全球化

安永公司 LGBT 社交网由来已久，它们在世界各地包括英国、爱尔兰、美国、澳大利亚、日本、德国、南非、中国香港、中国台湾和新加坡等地区勃勃生长。这些国家的 LGBT 社交网发展势头良好，因其中许多分部 LGBT 社交网名称说法不一，所以社交网品牌具体打造上也有所差别。

安永公司一致认为：在全球范围内，需要设计一个更加统一的社交网品牌。首要的难题就是如何在社交网名称上达成共识。安永发起了一个取名活动，邀请社交网成员和感兴趣的各方人士出谋划策。最终，收到了 58 个关于名字的建议，每一个分部社交网都要求公司考虑他们提出的排名前五的名字。最后经由一个全球评委会审查后，决定采用"Unity（联合）"一词。同时，评委会还有意在 LGBT 缩写前加字母"A"，A 为 Allies（联盟）的缩写，以彰显出盟友是 LGBT 社交网是关键的不可或缺的组成部分。

像安永这样规模宏大的跨国公司，所有社交网统一标准是不切实际的。因此，Unity 社交网在地方分部上自主运营，但这并不妨碍社交网之间共享品牌和精神。所有社交网成员通过 Yammer① 等交流工具进行有效沟通。如果有必要，全球范围内的社交网负责人开展对话也是可行的。

这一变化为现有的社交网注入了活力，当一个新分部社交网建立起来，立刻就会有支持小组提供建议和指导。

---

① Yammer 是 2008 年 9 月推出的一个企业社会化网络服务，但随着 Yammer 平台上功能和应用程序的逐渐增多，让 Yammer 不再仅是一个通信平台。这些新的立用程序包括投票、聊天、活动、链接、主题、问答、想法等等。——译者注

当你开发或审查员工社交网运作时,你能从安永公司的做法中获得哪些经验?

- 你如何让大多数员工参与到未来规划的制定中,让员工有发声的途径?
- 你如何利用技术来实现跨办事处、跨司法管辖区,乃至跨国员工社交网的联系?
- 你如何兼顾到不同分部的需求,并就社交网的总体目标和发展重点达成高度共识?

我们欣赏安永公司的做法,尽管不同的社交网可能内部结构和目标相同,但是至关重要的是要立足具体情况,实事求是,因地制宜。夏洛特记得在一次与一家总部设在美国的跨国公司合作,这家公司希望确保每一个社交网都能覆盖到所有分部所在国。在美国,他们发展的最成功的是西语社交网,曾经他们一度无法理解为什么同样一个社交网在西班牙就变得水土不服。

## 困难和挑战

在本章前面,我们谈到了一些棘手的问题,比如获得高层的支持,保证员工社交网的包容性。其他常见难题包括以下内容:

- 社交网制定的目标有失妥当,脱离实际。员工社交网也不应当被视作是工会或者劳资委员会的替代品。
- 社交网成为工作能力欠缺者的庇护所。夏洛特和弗勒有过相同经历,一些社交网负责人开展活动风生水起,满腔热情,但是实际日常本职工作完成欠佳,令人大跌眼镜。
- 难以唤起公司对员工社交网的重视。鼓励人们采用新的思想和行动,跳出过去的经验,是一件非常难的事情。许多社交网，即使承担起这样一份艰难的任务，在能为与公司肩并肩的伙伴这条路上，也走的格外艰辛。而在公司开发新产品，客户服务或者发展客户关系上，员工社交网发现自己有没有太多用武之地。

- 社交网上下成员的一致性。许多社交网活动离不开成员们的善意，员工的积极性和热情。经营一个社交网占据大量时间，当有成员开始埋怨，或者有成员言而无信时，无疑会有损于社交网积极性。要明白社交网绝不能围着某一个人转。当弗勒某次加入一家公司时，这家公司的黑人社交网负责人本来是一位魅力十足的经理，但是他很倒霉地被裁掉了。弗勒接手的时候，社交网内部聚集了一群沮丧又愤世嫉俗的人，茫然无措。鉴于此，我们建议你设立轮换制联合主管职位，最长任期 3 年。两名主管轮换交叉进行，避免同时离开，且主管的一部分职责是培养继任者。

## 员工社交网的业务影响和投资回报评估

跟踪数据对于采取正确的行动和产生预期的影响是至关重要的。我们已经列出了一些关键措施供参考：

- **员工意见调查**：你是否能够在特定人口统计调查中设计一个能让员工表明所属社交网的问题？如果可以，你是否能对该社交网成员和非成员做出分析？他们的回答中是否存在任何不同或者认知差距？或者，你是否可以设计一问题来评估员工对于社交网的态度。比如，有员工针对这个问题可能回答"我相信员工社交网使我们组织结构更具包容性"。
- **吸引新员工**：你是否会向求职者询问公司最大的亮点是什么？员工社交网是否能够成为答案选项之一？

- **特定调查**：你的公司是否能让你就现有员工开展额外调查，比如动向调查？你是否能针对员工社交网进行特别调查，收集多方员工观点无论其是积极参与还是置身事外？
- **奖励**：尽管这一主题在"融战略于文化"章节（请见第18章）——是否有针对员工社交网的奖励？员工社交网获得的外部殊荣是否为会公司带来积极影响？
- **与客户/潜在客户互动**：许多社交网活动对组织外部开放，比如摄影展、小组活动、新书发布会、宗教庆典等等。这是一个联络和维系客户关系的极佳方式。

除了上述措施，还有许多其他方式来衡量员工社交网的影响。定期汇报员工社交网动态、进展、影响力以及成就也是非常重要的。这些汇报工作开展方式取决于社交网内部管理结构（如前所述）。一些公司制作了令人印象深刻的小册子，记录社交网一路走向国际化的点滴，并且分发给公司客户和大众分享。摩根士丹利（Morgan Stanley）工业气体和特殊化学品制造商（Air Products and Chemicals inc.）就是这样做的例子。

## 一家专业服务公司的员工社交网

我们多元化与包容性战略的核心部分就是员工社交网。社交网的整体目标是联动公司上下，协助公司人员招聘，并塑造出包容性的组织形象。本案例探讨了一个成功员工社交网的核心要素。

**员工社交网成功关键要素：**

- 自下而上和自上而下。我们认为员工社交网应该是兼顾这两种模式，所以管理曾单方面认为的"好"，不见得就是真的好。我们期待看到的是公司上上下下一条心。

- 业务依据。公司社交网需要靠谱又周全的业务依据。如果员工即将投入大量时间参加社交网活动,我们希望看到社交网为他们及公司带来价值。每一个社交网都有一个整体性的业务计划,包含关键目标、业绩指标以及预算要求。

- 联合负责制。我们所有的社交网都是联合主管制度,仅靠一人之力,难免力不从心,毕竟人人都有日常本职工作,还要兼顾社交网的初始活动。

- 知识共享。我们确保社交网之间信息流通自由,确保金点子能够顺利交流运用而无需另起炉,必要时开展社交网协作作战。知识分享可以简单到在所有社交网之中转发邮件,也可以是正式的为所有社交网联合主管举办季度交流会。

## 成果

- 外部关系可能为公司带来新业务。
- 跨公司社交活动得到改善。
- 公司形象在招聘市场中得到改善。
- 员工敬业度提高。
- 社交网成员个人职业发展。
- 公司外部形象提升。
- 外部奖励和认证标准提升。

# 本章的五大要点:

- 社交网业务依据清晰,推出社交网的关键目标明确。
- 鼓励公司不同分部考虑为社交网建设提供的帮助和产生的

影响。虽然社交网之间应当有统一的思想指导,但是具体的运作不必设条条框框。

- 考虑如何让远程上班的员工参与到社交网之中,成为其中一员。比如轮换社交网会议的地点,或者使用网络开会工具,或者对会议进行录音传输。
- 社交网创建伊始,勾勒出对社交网的期望和愿景,制定切实且可衡量的目标。这些目标是否纯粹为社交网聚集人气?还是为了支持公司业务,比如为新产品和服务提供反馈?
- 如果为退休员工创建社交网,要考虑社交网如何定位方能支持包容性社交网议题。毕竟,退休员工社交网看上去群体针对性过于明显。

第三部分

实现变革

# 包容性领导力发展

当人们敢于说出真相并倾听真相时，一些最伟大的进步就发生了。

——肯尼斯·布兰查德　作家和管理专家

本部分讲述了推动 STAR 框架进程以实现"变革"的关键方面。整个第三部分聚焦于包容性领导力发展等要素，并对提高员工参与度，一如既往将多元化与包容性（D&I）嵌入商业中存在的障碍进行移除。

在这一章节，我们详细论述了包容性领导力以及针对不同的员工群体与跨文化工作者的特定发展计划。我们也将重审指导、培训与赞助的不同角色。

## 包容性领导力意味着什么？

包容型领导者对自身青睐的工作方式具有强烈的自我意识，且能灵活地运用这种方式与整个团队建立联系，甚至是与那些思考方式、工作方式以及动机截然不同的人建立联系。

特许管理学院院长安·弗兰克（Ann Francke）在接受采访时说，该协会的目标之一是"消除不合格管理者"。这说的是培训和标准。大多数进入管理部门的人都是因为他们有一技之长，且是战术或者运营方面的技能，与管理毫不相干。通常，晋升中也不会提供任何培训。

根据我们的经验,太多的公司中都充斥着意外晋职的管理者,他们擅长技术,但包容性领导力效能低。然后,公司决定启用多元化与包容性(D&I)策略,希望他们的经理们能尽快放下他们在这个职业生涯中养成的习惯,转型为包容性领导人。而在此期间,只仅仅给他们提供一个新建网站,推出三两个员工社交网,施行一套新的全球多元化与包容性政策以及聆听一场首席执行官振奋人心的演讲。

## 多元化与包容性(D&I)以及包容性领导力培训方法选择

我们从两个方面考虑多元化与包容性(D&I)以及包容性领导力培训。

- 多元化与包容性(D&I)培训中看起来是合规培训的。通常用于提高人们对议题的认知意识(例如,领导层中女性太少)以及阐明业务依据。公司通常会在最初展开全员培训。我们称之为"集中培训"。
- 包容性领导力培训开始培养和提升个人不同领导风格,使其能够对散布于不同建筑、数个城市或遍布全世界的团队进行管理。

多元化与包容性(D&I)培训通常从培训供应商处购买,供应商通常不会将每个公司的具体文化和存在的挑战纳入考虑范围。当公司在文化或是行为方面并未发生持续性的转变时,我们相信这样做是有价值的,因为这在一定程度上有助于提升意识。最终你会提高自己的意识,并能分享业务依据和一些表面看似"良好"的做法,但你无法改变人们的行为(至少是极小的改变)。当然,这不包括那些不需要接受培训、职业发展和其他支持就天生具有包容性的人。

公共领域的研究表明,多元化培训在"一般的工作场所并无积极影响"。彼得·布雷格曼(Peter Bregman)在 2012 年的哈佛商学院评论文章中提及了哈佛大学的弗兰克·道宾(Frank Dobbin)、伯克利大学的亚历山德拉·卡列夫(Alexandra Kalev)以及明尼苏达大学的伊恩·凯丽(Erin Kelly)的研究,他们得出的结论是:强制性培训或者利用法治威胁强迫员工培训的公司,其多元化管理的培训会产生消极影响。研究还表明,这些培训可能会适得其反,例如"激起白人男性的愤怒",而对一般的管理者而言,他们会认为你是在对他们"指手画脚"。尽管他们发现,让多元化管理者专注于这类话题、提供培训计划并承担相应责任会更有效率,但这些课程在大部分工作场所仍然具有较小的积极影响,这些要点在第五,第七和第十三章节中有详细讨论。

研究还表明,提供选择性的(非强制性的)关注文化意识(非法治威胁)的培训方案具有积极影响。但经验表明,强制性的勾选式做法引致的成本会大大超过该公司多元化与包容性(D&I)的年度预算,但人们总觉得从不曾这样过。赞助人们感觉良好,因为他们能谈到参与研讨会人数的高比例,他们还能提供少数几个人积极的参会反馈。但当测量他们努力想要改善的方面时,得到的结果是没有影响却影响微乎其微。

当你决定展开培训时,在实施类型还是供应类型的选择都不少。有基于网络的学习工具(当你有多个地点或不同班次的员工参与培训时这很有帮助),外部顾问提供的内部培训和你终身学习与职业发展(L&D)中的专业,外部课程与研讨会(包含虚拟与面对面方式),用演员进行片段表演然后要求观众参与对话的咨询员及其他方式。

我们建议你首先回顾你提供的终身学习与职业发展（L&D）课程的现状，以便知晓该从何处嵌入多元化与包容性（D&I）的信息。例如，新员工就职时如何说如何做，给新经理们提供些什么，如何让员工为绩效考核季做准备。如果你需要从独立培训开始，那么你应该寻找一些让员工高度参与，与你的业务相匹配并且是经验性的内容。

最好的情形看，你在寻求思想和行为的变革。如果你计划设计开发些什么，并将此在全球范围内推广时，一定要考虑文化内涵以及能包含某些信息的实事，你的计划不是放之四海皆准。以你对欧洲团队建设培训设计的启动培训计划为例，为了体现多元化与包容性（D&I），你需要做个合作的培训环节，鼓励参与者通过良性冲突来鼓励多元化。但在某些地区，例如中东或日本，教唆团队低级成员公然挑战管理者是有违常理的。

无论你决定做什么，我们都强烈建议你尽快将多元化与包容性（D&I）的信息嵌入到你提供的终身学习与职业发展（L&D）计划中去。这将确保员工能够明白这是公司的业务交际、行为表现以及公司运营方式。否则，这一切就有可能成为与员工日常工作无关的事。

如果你决定开展类似于无意识偏见的培训（见第9章），推出包容性领导力培训的优势在于，你能就整个劳动力市场进行讨论，而非仅限于多元化方面。当然，如果你认为某个领域有重要的问题亟待解决，也可以在其中成立一个更有意义的部门。

根据我们的经验，对于包容性领导力培训，最好的方法是全身心投入其中（就改革而言，个人可根据自身条件参与话题培训，并承诺做出改变）。如果预算充裕,我们推荐你使用第三方,因为当不用顾虑公司内部人员层级结构关系时,人们更敢于挑战现状,与权威对话。

最有影响力的培训应当能使人们围绕包容性领导力继续前行,而非止于说教。在有限的时间内,发布在网络上的大量活动信息能为团队游戏提供好的思路,最复杂的方案通常也能掩饰小组内外无意识的偏见以及微观上的不平等(见如下)。而这些在日常工作环境中都非常普遍。当然,时间限度往往是问题所在。根据我们的经验,许多公司通常希望它们的一个培训能缩短至最少时间。

我们建议你至少需要一天的时间,或者与之等长的时间,但可以是通过多个环节构成,包括课前预备(如完成哈佛大学的隐式联想测试)以及后续环节(如,一对一辅导)。同样强烈推荐的是,如果你雇用了外部顾问,研讨会可以从高层中挑选一位内部赞助者,其能为你特定的商业依据说话并用公司数据进行支撑。

对于初次接触此类术语的人群——以下是关于“内部群体与外部群体”以及“微观不平等”的简要介绍。

---

**内部群体与外部群体**:内部群体是被某人从心理上承认自己归属的社会群体。例如,人们可通过种族、文化、性别和宗教这些标准来判断是否属于该群体。内部群体占据主导地位,拥有权利基础,但不一定是大组群体。相反,外部群体是不被某人认为有归属或不被认定从属的某一特定群体。

**微观不平等**:一些微妙的,通常是无意识的信息会降低、阻碍或损害个人在工作场所的表现。它们以多种方式传递,例如面部表情、手势、语气或是用词的选择。这些信息可以有意或无

---

意地传递：它们可以是你双臂交叉的方式，可以是别人在做演示时你和同事的交谈，可以是别人在开会时你翻看信息的动作，可以是对眼神交流的躲闪，或是对别人想法的打断。无论是有意识还是无意识的，这些行为都会对个人在工作场所中的参与度、动机和效率产生破坏性的影响。

## 特定少数群体领导力发展项目

这个话题往往众说纷纭，如果方案制定得当，行之有效，且理由充分，则通常是有益的。关键在于，这不是对人们的"矫正"，而是对构成更大文化变革努力的众多干预措施之一。我们清楚的是，这些项目不能孤立实行——针对特定少数群体做了培训就算完事是不可取的。

弗勒（Fleur）回忆起与一位在女性领导力培养方面成就卓越的人的交谈，他曾为一家高街银行运营过几个项目。在完成相关调查后，他惊讶地发现，过去两年间参加过该项目的女性中，有 50% 曾返回工作岗位，但又在 6 个月内再次辞职了。他们其实不该感到惊讶。如果你将任何具有高潜力的人带离工作场所，鼓励他们去开阔眼界，并且思考在职业生涯中想从公司中真正获得什么。如果他们看不到榜样，得不到承诺，感觉不到主流文化的改变，那么他们将会用脚投票，一走了之。

埃克塞特大学的米歇尔·瑞安（Michelle Ryan）教授一直在做一些非常有趣的研究，这些研究通常是关于如何对人们进行培训的争论。她一直在观察女性是否和男性一样充满野心。她发现，调查中的女性比男性更不愿意在职业生涯中期做出牺牲，更不愿意通过冒险来取得进步,因为她们更注重结果。我们需要与我们的管理者和领导人共同改善这些结果,并让她们感受到她们是在精英制度下工作。

## 米歇尔·瑞安
### 社会与组织机构心理学教授　埃克塞特大学

一些研究人员和评论员认为,女性在高层职位中所占比例偏低的原因是她们缺乏雄心壮志,或是她们与男性有着不同的事务优先级。

我和我的团队所做的研究却不能证明这是对的,我们曾与警察机关、海军、皇家外科医学院和不少的金融服务公司合作过,我们发现,在培训初期,男性和女性表现出完全相同的抱负。随着时间的推移,男性的抱负仍一如既往,甚至稳步提升,而女性的抱负则急剧下降趋势。

我们在此谈论的是处于不同年龄阶段的女性,包括从理科本科学生到30多岁的医学外科学员,所以这不太可能仅仅是生物钟的问题。不过,这些女性的共同之处在于,她们都曾在男性占多的工作环境中呆过。以外科医生为例,医学院不是一个男性占多的学院,但外科专业中却是如此。突然间,这些女性来到了一种情境,那里没有一个成功人士和她们类似。

我认为我们在此看到的不仅仅是缺少结构性支持对这些女性追求事业进步的影响,还有缺乏导师扶持和榜样力量的影响。个人抱负与其对成功的期待紧密相联。当然,总是会有特别坚强勇敢的女性认为"没关系,我总会成功的",但更多的人会认为"很明显,高层职位不适合像我这样的人",因此他们不断退而求其次。

在市场营销或出版业等环境中,男性占比相对较小,你看到更多女性担任着高级职位。对我来说,这些现象说明女性并非天生就缺乏雄心抱负、动力或相关技能。因此,一定是别的东西阻碍了她们。

这也成了一种自我限制。在面试中,一些问题常会涉及理想抱负:"你觉得自己十年后会在什么位置?"对于一位已经放弃追求顶级职务的女性来说,问这个问题可能会让你觉得她们对自己的未来没有一个清晰的愿景,故此她们很难被提升,这样就一直恶性循环。

作为与皇家外科医学院合作的工作之一,我们医科学生和外科学员拍摄了一部视频。在这部影片中,我们展示了形形色色的人群——男同性恋、有过难民经历的人以及有不同社会经济背景的人。这背后的想法是证明一个好的外科医生可以来自任何背景,并且这一职业也确实需要多元化的观念和见解。如果你沿着秀出三两个"超级女强人"的路线走下去,那就如同你一个女性也不讲那样怪异,最终适得其反。

我们得到的反馈非常积极。大家都深受鼓舞。有位年轻女性告诉我们,她觉得作为家里第一个上大学的孩子所面临阻碍远比作为一位女性要大得多。另一个年轻人告诉我们,在银幕上看到一个男性榜样的感觉很好,他感觉两人有着相似的性格,温柔体贴,关心他人。我想这坚定了我们的决心——从最广泛的意义上解决多元化问题,而不是只关注一个方面。

在许多公司中的基本原则是:行事风格在传统男性文化中备受重视,常被当作评判个人潜力的指标,而这对女性群体和极具潜力的少数裔群体并没有吸引力,也不自然。这些专业课程旨在为极具潜质的人士提供平台,使其探索自己的职业生涯,发现自己是如何取得成功,又达到了哪些成就以及为实现下一层次目标需要做些什么。公司除了向受邀个体发送重要信息,即公司旨在加强其领导补给线建设外,另一个重要的途径是看看组织内学习状况,时不时邀请一些业务领导人以榜样和领导力赞助者身份参加其中项目并对他们发起挑战。

你可能会问,为什么女性属于特定少数群体发展项目呢? 这一领域的大量研究表明,针对性别的分类培训是有益的:

- 它提供了一个充满支持性和安全性的环境来接受挑战。
- 这能使参与者认识到她们并非在孤军奋战。对于来自不同部门和地区的女性来说,她们面临的问题大多类似。
- 一些问题对于女性更具挑战性,如内部政策、理想抱负、自我提升以及工作与生活的融合。
- 它提供了一个"性别视角"来帮助思考具体工作经历。
- 参与者能够接触到积极向上的榜样。
- 它鼓励女性相互支持,利用其他有价值的促进性结构或机会,例如同行指导。
- 它促使女性更加积极地管理自己的职业。
- 它增强了女性提升领导地位的意愿。
- 它创造了贯穿整个业务领域的女性社群网。

安永在 EMEIA(欧洲、中东、印度和非洲的缩写)推出了三个女性领导力项目,目标群体是处于不同职业生涯阶段中的女性。其中两个项目由外部第三方提供,针对女性高管。第三个项目为中层女性制定,属于人才通道建设。安永正在寻找能够为位于超过 99 个国家和地区的一大群女性提供指导的办法;它开发的一个项目可以在本地运用,无需依赖第三方。这个项目包括三个"为期半天的研讨会"（建议每月举办一次），研讨会能以"工具包"的格式呈现，因此任何具备良好引导技能的人都能实施。这个项目普及性强，如今在许多国家和城市运行，包括巴基斯坦，安永（EY）还是首次在这里实施该项目。

这三个项目均得到了积极的反馈，安永对持续时间最长的项目在投资回报方面进行了更为详细的评估，他们发现，96%的回应者表示这个项目十分具有影响力，收到的评论还包括"这是我在安永（EY）体验过的最好项目"，"优秀项目"，"极具价值"，这些评价多次被提及。一些前员工也纷纷表示：

- 学到了新的职场策略——例如，掌握职业主动权。
- 信心备受鼓舞。例如，通过这个项目，他们更好地理解了自己的品牌形象和领导风格。
- 思维得到了改变。例如，意识到不利于进步的障碍是可克服的。
- 进一步意识到并不孤单，尽管彼此之间的业务单位、国家和级别不同，他们仍有许多共同的话题。

在英国，安永也推出了一项针对黑人和少数民族的项目，他们曾派人参加过由英国慈善机构石墙（Stonewall）举办的项目，以及由凯特·纳什协会（Kate Nash Associates）为残疾人士举办的为期一天的个人发展项目：连锁反应（ChainReaction）。后一项目旨在帮助人们了解残疾人士的不便之处，以便制定策略帮助他们实现工作中的互动，按需为其调整工作场所、开发工具和技术来应对其他人的反应。

# 跨文化工作

试图通过培训来实现在跨文化工作领域的平衡并非易事。人们总是太容易在最初就被被刻板印象所迷惑:美国人是这样,日本人是那样。无论是国家文化还是公司文化,几乎都影响着人们日常生活中的方方面面。当然,跨文化工作时,了解基本礼节很有必要,比如你该如何递交名片以及何时应该握手。这对于创建有效的团队,开展商业联系以及开发和营销产品或服务都非常重要。有这么一个事例,山地贝尔公司(MountainBell Company)曾经意图向沙特推销其电话服务,该公司的广告描绘了这么一幅景象:一名正在打电话的高管把脚高高地架在桌子上,还露出了鞋底——这对阿拉伯人来说是忌讳的,因为他们认为这很不礼貌。

文化是多层次的,你不能企图仅通过一次培训项目就具备了跨文化的能力。换句话说,如果一个人初次加入某个国际团队,或者打算在另一个国家开展业务,那么他得接受一些指导。

从了解自己喜欢的工作风格开始可能是最有帮助的。Aperian推出了一个名为"GlobeSmart"的全球门户网站,该网站能将个人喜欢的工作风格与其它国家的大众风格进行对比。它关注不同的文化维度,比如,你更倾向于直接沟通还是间接沟通,公司的等级制度有多重要,公司对模棱两可的最低限度是多少,公司更看重的是完成一项任务还是建立一段关系。

单击右边的名称,然后在下面的六个维度中任意一个维度上单击一个彩色圆点。

图 13.1 显示了 Globesmart 创建的文化概要比较样例。

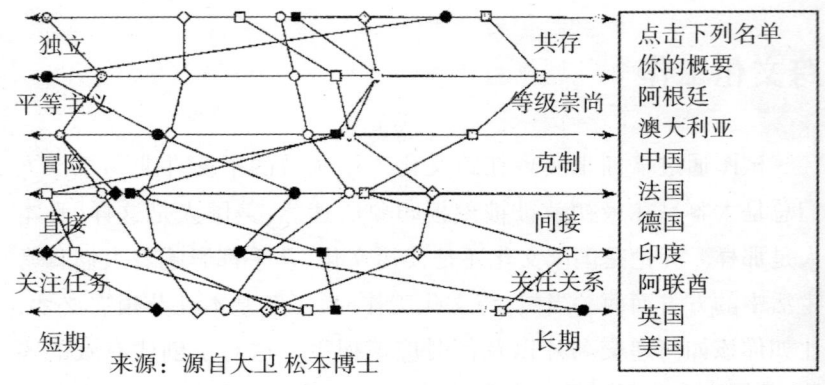

图 13.1　文化概要比较

来源：源自大卫 松本博士

（图中标签：独立、共存、平等主义、等级崇尚、冒险、克制、直接、间接、关注任务、关注关系、短期、长期）

（右侧名单：点击下列名单、你的概要、阿根廷、澳大利亚、中国、法国、德国、印度、阿联酋、英国、美国）

在参加研讨会或其他提高意识类的培训前,提前完善一份个人概要,可以为你提供一套有效的框架开启培训工作。另一个供应商Tracomk 注重社交风格以及为适应其他人的风格你需要多大程度实现对多种风格的调适。同样,你也需要填写一份个人概要,并邀请同事填写一份关于的社交风格概要。多面性与情商的概念密切相关,是衡量人际关系有效性的标准。个人概要能让你更好地了解自己与同事的相处之道。在跨文化工作中,它可以帮助你摆脱对文化刻板印象的依赖。庆幸的是,多面性可以学得到。

Tracom 的工具让弗勒极感兴趣。因为,Tracom 完成的一个小规模研究中,他将一个人的多面性程度与成为包容性领导者的有效性联系了起来。他们发现,具有高度多面性的管理者在推广多元化与包容性(D&I)方面更有效率。而且,这些评估来源于管理者的直接报告,这些报告是判断一个人是否具备成为一名包容性领导者的最佳依据。多面管理者更倾向于支持多元化行为,例如:积极尝试理解他人的经验和观点、认可员工的贡献、为团队营造友好的环境、重视不同的意见。具有多面性高的管理者在这些行为上的效率比多面性低的管理者高出 17%。

夏洛特在一家全球投资银行工作时曾使用过艾培 Aperian。她发现，这个工具可以让人们了解不同的文化，有助于人们在一个团队内有效地工作，并为他们的客户提供出色的服务。在推出 Globesmart 工具的同时，夏洛特与他们合作创建了一个名为"文化智能"的培训项目。这个培训模块是为公司量身定做的。它侧重于个人在不同文化中自我表现时所需要的技能和行为，而不受到文化刻板印象的影响，丧失个人的文化认同感。该培训项目在全球范围内进行，为期 12 个月。所有参与者都可以使用 Globesmart 工具研究不同的文化，了解不同文化下工作方式的差异。

我们认为值得一提的第三家供应商是 Knowledge-Workx，该公司总部位于迪拜，因此可以说它为跨文化工作提供了一个更具东方色彩的视角。他们也有一个工具来评估个人的偏好，并专注于跨文化智力（inter-cultural intelligence，ICI），即知识、技能和态度的结合。他们关注的是个体文化、他人文化、公司文化和民族文化之间的关系，着眼于我们对环境做出的反应，以及我们对不同世界观的取向。人们在讨论多元化的已知面和未知面时，传统冰山模型中隐含的部分可能会有所显现。它关乎个人信仰、规范和价值观，聚焦的三类世界观是：

- 有罪与无罪——不存在等级制度时，人们能对自己的想法畅所欲言。
- 恐惧与权力——在这种情况下，间接交流更多，而且交流是根据听众的资历量身定制的。
- 羞耻与荣誉——沟通以间接的和非正式的方式进行，直接的沟通方式不受欢迎。

对此，除了充分了解文化上的传统和禁忌之外，我们需要更加谨慎以免踏入刻板印象的圈套。我们需要记住，许多以"西方视角"

看待这个话题的国际组织往往容易犯错。例如,告诉人们去寻找一个指导,然后向指导说出自己的需要,这看似很好。然而,在某些文化里,透露强推自己的议程或者想法是不礼貌的。还要记住的是,告诉人们了解文化差异是最简单明了的办法。持续性成功的关键在于让人们学以致用。

西尔维亚·安·休利特在她的著作《成长中的全球高管》里面提到,高管们在从事跨国工作时,需要诚实守信且在不同的地区的意义会有不同。她建议高管们采取双轴模式——向西方高管展示权威(垂直轴),并全球市场的利益相关者前优先考虑情商(水平轴)。围绕性别的文化期望可能会使这个模式更加复杂。她接着指出,对于男性、女性以及不同年龄段的人来说,行使权威和运用情商看起来非常不同。

在制定合适的文化培训方案时,公司可以考虑以下一点,邀请分公司所在国家的人参与决策培训实施、培训内容框定以及对外部培训商遴选等。这样一来,你不仅发挥了自身的文化智慧,而且能将包容性领导力付诸行动。你还应该考虑到文化差异,以便选择足迹机构内各个领域最适合的文化。

## 为特定群体提供陪练、指导和扶助

在我们的职业生涯中,我们都曾需要帮助,以便了解公司中不断变化的不成文规则。弗勒最近接到一个德国同事的电话,说是要讨论一个问题。她们就问题进行了彻底的讨论,并确认了两人在解决方案上的意见一致。她的同事随后说到,她将通过电子邮件将这一问题发送给其他的利益相关者。她还表示,如果弗勒能对她们刚才讨论的内容作出回应,她将不胜感激。正如该同事所说,"有人告诉我这就是我们这里的行事方式"。所以必须有人指导她怎么做，否则她就只会发送一份电子邮件(而不会做其他的安排了)。有许多其他的规则也是需要有人指导的。比如，如果不同意某一看法，直接拒绝是否可行？最有效的沟通方式是什么？如何才能升职？何时可以开口说话？何时要保守秘密？

The Catalyst 报告了女性领导人面临的两难境地：行动，情况会糟糕透顶；不行动，则注定失败。这说明了性别刻板印象会导致女性面临三种主要的"双重束缚"：

- 无论女性的行为是否符合固有形象，这些行为要么被视为"太软弱"，要么就是"太强硬"。对领导角色来说永远都不是"恰到好处"。
- 与男性领导者相比，女性领导者的绩效标准更高，获得的报酬却更低。
- 女性领导者常被认为精明能干，或是讨人喜欢，但很少是两者兼具。

在某些文化中，父权制结构放大了这些刻板印象(男性权威高于女性的制度)。教练、导师、扶助师的重要性在于帮助女性在"缺乏存在感"和"过于激进"之间理清界限。

教练、导师和扶助师截然不同，如果在这一阶段准确定义三者的角色，将会大有裨益。

---

**教练**：教练会支持个人完成个体化或职业性的目标。它可以是非正式的。事实上，如果我们有幸拥有一位乐于助人的同事或有效率的老板，我们常常可以在没有贴上这种标签的情况下接受指导。通过第三方，这种关系通常更加正式。你可以根据

---

会面的频率、时间和具体内容来签订相关契约。它持续的时间通常较短——一般在 6 到 12 个月左右。

**导师**：导师是指有经验者和学习者之间的一种发展伙伴关系。导师通常会给学员分享经验，然后双方在相关事务方面意见达成一致。例如，如何使得灵活的工作安排发挥作用？导师可分布于任何层级结构，目前有各种形式的指导——一对一指导、同伴指导、逆向指导（导师身份低于学习者——在教育管理层应对多元化的挑战，如年轻一代的群体，或者帮助高层领导者跟上技术发展步伐这些方面，他们往往会取得成功）。

**扶助师**：扶助师是公司中资历更高的人，对人们的职业生涯有一定的影响。他们能推动学员发展，促进学员职业上的晋升。

最近，有人对扶助师和导师的角色描绘得恰到好处——指导是身在其中，扶助则置身事外。

对于以上所有角色，为了确保他们能行之有效，我们提出了两个重要的建议。首先，双方必须致力于关系的发展，适当的准备和恰当的时间分配则需紧随其后。弗勒记得曾在英国设立过一个同伴小组指导项目。这个项目的每个小组由 12 名女性组成，每两人互为搭档，相互监督。弗勒之所以选择两名搭档，是因为她担心大家都过于繁忙，难以出席各种会议。然而事实却是，缺席会议的是受训者，想象一下弗勒会有多惊讶。最终，她们错失了一个宝贵的机会，这也是对搭档时间的不尊重。

其次，教练、导师，尤其是扶助师，必须了解工作伙伴面临着怎样的挑战。通常，人们倾向于将"内部群体"与武断、权威和主导性行为联系在一起，这种行为在培训师或学员眼中并不具有吸引力，也不是他们愿意效仿的对象。在麦肯锡 2013 年对高层管理者性别多元化的调查中,他们证实,参与调查的男性中,有 73% 的人认为多元化领导团队为公司带来的业绩更好。然而,他们也表示,男性整体上都不理解女性面临着何种挑战。

夏洛特想起了自己在一家全球公司创建的一个扶助项目,该项目是在资深男性领导者(扶助师)与被扶助人(扶持对象)共进晚餐时发起的。他们聚在一起倾听扶持对象们经历过的挑战,该项目最初进展并不顺利,因为男性领导者一开始对这些经历相当怀疑。事实上,他们并不相信这样的事会发生在自己公司。确实是经过了较长时间的努力后资深男性领导人才终于开始理解真正的挑战,也开始真正承担和发挥起扶助师的作用。

《哈佛商业评论》中一篇文章《为什么男性升职机会仍然多于女性》中,赫米妮娅·伊巴拉和她的同事指出,女性得到的指导过多,获得的扶助却不足。他们对 40 位极具潜力的男性和女性进行了深度访谈。这些女性证实,她们从导师那里获得了宝贵的职业建议,她们探索了自己喜欢的工作方式,以及晋升的途径。而另一方面,这些男性谈论了他们如何规划自己的下一步行动,如何在新的角色中承担责任,以及他们的导师如何公开地为他们进行宣传(这实际上更像是扶助师的角色)。

区分陪练、指导和扶助之间的关系是非常重要的。在如何最有效的建立扶助计划上,弗勒和夏洛特各持己见。弗勒倾向于根据每个学员的经验和商业知识为他们指定一个扶助师。夏洛特发现,从领导者那里预先获得购买权(而不仅仅是分配给他们)更为有效。她曾与一家公司合作,该公司希望前 20 名的资深女性得到扶助。然而,执行人员却把初级扶助对象分配给了领导者,这个方法并不管用。在夏洛特看来,扶助意味着对某人的支持,以及建立对他们个人以及能力的信任,这样你就可以放心地以一种积极的方式把他们介绍给你的商业伙伴和同事——例如,以自己的名誉做担保。

## 选择扶助师应考虑的要点

扶助关系对职业发展至关重要,选择正确的扶助师也同样如此。卓有成效的扶助项目将包括以下内容:

- 具备良好的领导经验,能够分享职场上的"潜规则"。
- 当发现员工没有得到合适的发展机遇时,他们能通过个人和公司的权威进行干预。
- 能够与他们的员工建立融洽的关系和深刻的个人认同感。
- 热衷培养人才。
- 投入项目的真实能力。

## 职业扶助师的作用是什么?

扶助师虽然与学员接触少,但所起的作用非常之大(图 13.2)。扶助师期望做到:

- 清除障碍。代表扶助对象进行干预和影响,以确保公司履行其实现扶助对象独特潜力的承诺。
- 利用个人和公司权力,让各级管理层为挽留、指导和支持扶助对象担任高级领导职位负责。
- 就更广泛的公司体系(隐藏的障碍)需要如何转变,以创造一个更加多元化的领导框架方面,向多元化与包容性(D&I)指导小组或其他高级领导提供匿名反馈。

## 扶持对象的作用是什么?

- 开诚布公地讨论他们的职业抱负、业绩和职业发展。

- 积极主动——西尔维亚·安·休莱特建议,扶持对象应该提前完成 70% 的基础工作。
- 积极寻求反馈。
- 言必有行。
- 勤于思考并探索新机遇。
- 倾听与反思。

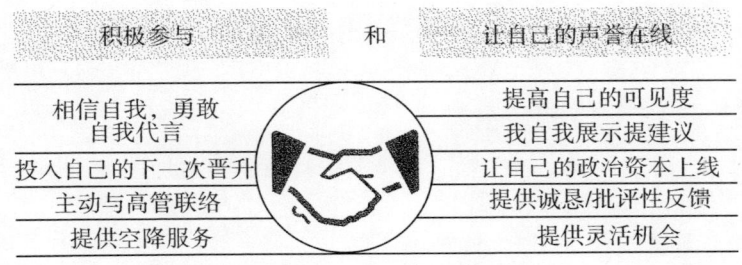

| 积极参与 | 和 | 让自己的声誉在线 |
| --- | --- | --- |
| 相信自我,勇敢自我代言 | | 提高自己的可见度 |
| 投入自己的下一次晋升 | | 我自我展示提建议 |
| 主动与高管联络 | | 让自己的政治资本上线 |
| 提供空降服务 | | 提供诚恳/批评性反馈 |
| | | 提供灵活机会 |

**图 13.2　扶助师的角色**

包容性领导力的作用,以及包容性领导人的发展,是创造更加多元化与包容性文化的强有力的战略核心。本书中许多重点内容之间联系十分紧密,能够确保你在现在和将来都能发展包容性领导技能,以实现长期、可持续的改变。

## 本章五大要点

- 对中层管理人员在意识和教育上进行投资,但不要让他们参与全员培训——要创造性地去提高他们的意识,并融入他们的日常行为。
- 要弄清楚性别和少数特定群体领导力培训的利弊——要清楚这些特定项目为你提供的哪些东西是综合培训无法实现的。

- 鼓励每个人思考成为包容性领导者所需的技能,以及如何进一步发展和提高这些技能。
- 确保在所有培训活动中都考虑到文化差异,公司在跨文化工作中必须要进行相关培训。
- 明确陪练、指导和扶助之间的区别,并在适当情况下分别加以利用,不要假设它们都是一样的做着同样的事情。

# 工作新方法

我们愿给予人们工作的自由，无论他们身居何处，在工作动力和专业知识的护航下都能使其表现出色。若你从未踏出室外工作，则在将来也绝无可能。

——理查德·布兰森　企业家和投资者兼慈善家

这一章节将会着重探讨如何灵活运用传统的工作方法。我们将着眼于变革的业务依据，你可能遭遇各种挑战，为你提供一些绝佳策略来帮助创造一个弹性多变、机动迅速工作场所的愿景。

## 工作新方法是什么？

虽然技术的创新引发了工作方法的巨大转变，但许多人的工作观念仍然趋于传统，并近乎过时。你是否会对此感到惊讶。仅在过去十年里，使用互联网的人数就翻了一番。30年前，每千人中平均只有一人能拥有手机。今天，全世界有50亿手机用户。越来越多的人将跨国合作视为日常工作的一部分，他们期望在这些科技的支持下能够便捷地展开工作、实现职业抱负，从而过上自己喜欢的生活。

工作新方法(NWOW)不仅仅体现在工作更弹性多变、机动迅速方面。它还包括：

- 改革现有的工作模式，包括物理工作场所在内，以便员工能够找到更智能、更有创意的工作方法。
- 注重员工福利，支持员工丰富自身生活、家庭及社区等各方面。

- 以信任为基础，注重员工对工作目标的实现，而非他们的实际工作地点或实际工作时间。

在过去的一百年里，大多数工作场所的层级结构和工作时间几乎没有什么变化。在早些时候，办公室工作设置支持的是工厂模式——每个工人都有自己的工作室，每个人在工作室的工作效率被认为最高。随后，固定电话和打字机开始在工作室里出现，紧接着就是台式电脑。

然而，20世纪末，我们进入了"知识工作者时代"，这个时代的主要特征不仅仅是工作，更多的是合作。正如艾莉森·梅特兰（Alison Maitland）和彼得·汤姆森（Peter Thomson）在《未来的工作》中说到，如今流行的是"最小化工作约束，最大化工作自主性"。如今人们的思维更倾向于将工作视为一种活动，而不是一个团队为了某种目的聚集在一起的具体地点。

## 为什么要关注？

无论从业务角度还是人才角度来看，我们都有充分的理由去关注新的工作方法。我们今天的工作强度如此之大，因此我们急需寻找新的方法，以便平衡人们在个人和职业上对时间和注意力的众多需求。大多数公司都在不断地尝试用更少的钱做更多的事。而在目前，许多公司的工作方法根本不符合员工和客户的期望。关注如何以不同的方式实施工作，将注意力放在团队工作和公司间的合作上面，对于更新公司的文化也是一种很好的方法。

### 工作效率

就个人而言，出勤率并不能保证工作效率或质量。员工可以准时出现在办公室里，按合同规定的时间坐在同一张桌子前，但这并不意味着他们能进入状态,高效工作。实际上,他们在其他地方工作可能更有效率。学术和公司方面的研究都不断表明,当人们有权选择自己的工作时间和地点时,他们会更容易投入进去。我们知道,更高的投入会带来更高的生产力和更强的员工保留率。以安永为例,在 2015 年,那些自称具有高工作灵活性的员工比低工作灵活性的员工在工作敬业度上要高出 57%。

## 多代期望

在这本书的前半部分,我们谈到了"人口鸿沟",在不久的将来,它将在技术工人低龄化的国家,以及劳动力老龄化的国家间出现。初步研究表明,虽然年轻一代想从雇主那里获得工作的灵活性,但他们不想远程工作,或者,至少不想一直保持这种工作方式。作为团队中的一员,他们高度重视工作的机会,但是不想在办公桌前从上午 9 点坐到下午 5 点,仅仅因为在传统上每个人都是这样做的。

这不仅是劳动力低龄化的问题。在许多国家,人们的工作年龄更长,由于公司中分布着不同年龄的员工,他们处于不同的生活阶段,有着不同的动机和挑战。对于一些人来说,三四十岁可能是他们一生中最具挑战性的时刻,因为他们要兼顾照顾老人和生病家人的责任——你可能听说过,这种情况被称为"夹心年代"。更复杂的是,照顾老人与产假不同,它往往无法事先计划,因为你无法预测突发状况会在什么时候出现,也不知道自己需要多长时间才能具备灵活地选择工作方法和工作地点的能力。

## 幸福感

员工的健康和幸福是公司需要考虑的关键因素之一,近年来,这一方面在许多地区也得到了更多的重视。大多数情况下,公司的运营标准都力求高于基本的健康标准和安全准则。有经验的管理者能够意识到对员工的健康和幸福的支持所带来的真正价值。因此许多组织会定期审查和升级工作环境,如技术和基础设施,以促进员工的身心健康。这包括使用保密的雇员援助方案,或确保有一种可使用的在线方法来完成与其具体工作方法有关的人体工程学和工作空间评估。

一个充斥着手机和即时通讯的世界意味着我们随时都有网络访问权限,我们须记住"随时,随地,随处"并不意味着"每时每处"。公司应鼓励员工去调节自己的福祉,这意味着,在工作之余,他们可以抽出高质量的时间远离工作,工间定期休息,如远离电脑,这既能给大脑充电,又能舒展身体。这对单独或远程工作的人来说更需如此。如果时间管理不当,孤立可能会使员工产生被团队隔离的错觉,或者无法体会到团队的归属感。这可能对员工的心理健康产生影响。

当然,我们认为,一些怀揣着此类想法的公司采取的措施也有可能会过犹不及。颇具争议的是,一家德国汽车制造商曾宣布会在员工轮休期间停止从黑莓服务器①发送电子邮件。这是对一些员工曾抱怨工作和家庭生活空间变模糊的间接回应。你不得不钦佩公司采取这一举措的动机,但对一些人来说,无法访问他们的电子邮件可能会带来更大的压力——尤其是那些为了私人约会提前下班,并选择在晚上继续工作的员工。公司采取这样的行为虽出于好意,但也有可能会降低一些人选择工作方法和工作时间的灵活性。更有影响力的做法是创造一种文化,让员工感到舒适、有权力,不用一打开电子邮件账户就回复邮件。

---

① 黑莓是一个端到端的、实时的、安全的 PUSH 无线分组数据解决方案。它使无线用户在任何时间,任何地点都可以方便的、及时的、安全的进行电子邮件通信,或接入公司内部网络。——译者注

英国工作基金会大型创新中心的主席威尔·赫顿（Will Hutton）曾表示，全天候在线工作不利于个人的工作表现。你确实需要一段修整期，在这段时间里你可以反思某些事情，且不必立马做出回应。其次，它对个人的健康也有不好的影响。我认为，一个人必须划清工作时间和休息时间的界线。

## 什么是弹性工作法？

当提及弹性工作法时，许多人脑海里浮现的往往是雇佣合同里正式规定的那部分更为传统的灵活性。例如：

- 弹性的时间，如晚点开始或早点结束。
- 岗位分担。
- 缩短每周工作时间，如将每周五天工作日改为三天。
- 压缩工作（缩短工作时长，延长工作天数）。
- 远程工作，如在家办公。
- 工作学期制（工作周与学校学期相对应）。

你的公司可能还没有准备好引入非正式的弹性制度，或许你所在行业无法做到更加弹性化，比如倒班工作和流水线生产的企业，如工厂和呼叫中心。

实施正式的弹性制度往往会面临一些挑战，那些弹性制员工可能会因为工作时间和地点的不同而成为团队里最不灵活的人。弗勒想起了她的一个工作伙伴，根据合同，她每周可在办公室工作三天，还可额外在家工作一天。别人可以根据她的出勤时间来调整自己的时间。如此一来，即使错过了截止日期，或者别人的工作有所延长，她也不会偏离既定的工作时间。当然，在某些情况下，一个人确实需要缓冲期去满足生活中的其他需求。例如去运动，增加兴趣爱好,或是沉浸于学习,这些都会影响他们实现灵活工作的能力。

在一些国家,灵活工作安排(FWA)是每个人的基本权利,你可以从答应别人的请求开始进行操作。显然,你需要去衡量一个团队里老板、客户和其他人的影响力。若你的态度开放,你可能会更容易同意这些要求——即使这最初只是基于一种尝试。

一些国家通过立法赋予人们在特殊时段内采取弹性工作的权利。荷兰法律规定,子女年纪在八岁以下的夫妻,可在规定时间内将每周的休息时间增加 26 倍。这意味着,如果你每周工作 40 个小时,那么在孩子还没满 9 岁之前,你最多可以休 26×40 个小时的假。假期是不带薪的;但有些雇主会支付休假员工基本工资。

表 14.1　　　　　　　　　　什么是弹性工作法

| 弹性工作不是…… | 弹性工作是…… |
| --- | --- |
| 纯粹为了降低成本 | 赋予人们选择工作方法、时间和地点的权力 |
| 为了确保快速获胜或获得短期举动权 | 包含正式的和非正式工作 |
| 只针对个人的工作协议 | 通过投资基础设施和技术,为公司提供前瞻性支持 |
| 完全僵化的协议 | 寻找创新的团队合作方法 |
| 把主要工作份额留给少数的团队成员 | 包含弹性的以及非弹性的工作协议 |

我们在法国见到过一个很有效的方法,一家公司规定,休完产假回来上班的女性员工第一个月内每周工作四天但工资算五天。另外,在印度,员工有机会在三个月里一开始在家工作,慢慢回归,逐步增加在办公室的工作时间。

正式灵活工作制度的基本操作方法确定之后,接下来就是提供一套正式选项以供人们选择,申请过程必须要公开透明,并且定期追踪申请人数。到了这一阶段,你可以开始考虑如何进入下一阶段去提供更广泛的工作灵活性。

## 非正式弹性/机动工作法

总的来说,正式而严格的条款与条件与我们在开头一段中所陈述的一切背道而驰。大多情况下,我们允许人们灵活地应对如今已经过时的工作结构。理想情况下,我们能够寻找出某种方法,使员工在工作中实现不同时期的特定目标。我们将这称之为"非正式灵活工作法"。

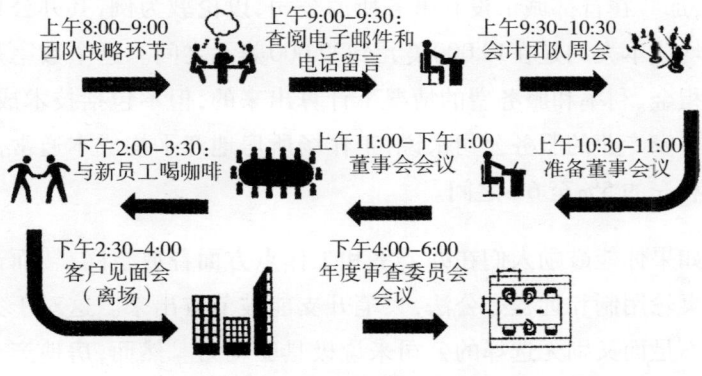

**图 14.1 基于活动的工作**

你可能听到过盛行弹性制度的公司提及过机动性、机动工作或智能工作。机动工作通常被公司用来摆脱人们对弹性工作留下的刻板印象。一些公司可能提到过"基于活动的工作"(见图 14.1),这是基于不设固定工作位的理论,根据当前的工作,你可将自己定位在不同的工作领域。例如,你可能会坐在一个开放式的办公室里通过回复邮件来展开一天的生活,或者去休息区和同事进行短暂的交流,你也可能会找一个私人电话亭去打一个电话。

无论你处于弹性工作制的哪个阶段,它都非常重要,不容小觑。正如我们之前所说的,弹性不应该仅被视为某种利益。它的意义远不止于此——它更是一种文化途径,涉及到如何完成工作,如何有效地与员工互动,以及如何提高员工的福祉和业绩。

## 未来工作场所

许多未来工作场所(WOTF)规划最初都受到房地产功能的驱动,在员工人数不断增加的情况下,此举能为公司开源节流并降低房产成本。在 Knowledge at UnWork 一份弹性工作报告《专业服务场所的弹性工作研究》一文中,负责人卢克·康诺利(Luke Connoley)表示,那些在首都城市设有事务所的公司,以伦敦为例,其办公桌每年人均成本大约是在19 000美元到22 000美元之间。这个数字是在考虑租金、利率和服务费的情况下计算出来的,但不包括技术成本。对于一家专业的服务公司来说,工作场所房地产平均成本通常占有公司利润的 5%至 6%之间。

如果你能鼓励人们在办公室和工作点方面释放空间,转而选择办公桌轮用制和远程办公法,大笔开支能被节省出来。这对于办公空间不足而又别无选择的公司来说极具驱动力。然而,房地产节流不可能孤立实现,且假若所涉员工生产率和敬业度下降也可能导致失败。此外,如果公司未能升级技能,也没有让领导者和员工明白如何与以往不同的工作、管理或领导,则这也可能失败。

夏洛特曾在一家公司的一个大项目中担任领导职务,这个被称为"解放"的项目受托为逾 6.7 万名员工提供未来工作场所(WOTF)计划。其目的是:

- 合理化房地产投资组合,释放房产空间,每年至少节约 500 万英镑。

- 为员工创造一种弹性文化,使他们能自由选择工作的时间、地点和工作方法。
- 提供适当的技术、营造良好的工作环境、简化流程、实施和运用生产线管理。

该方案的三个要素是:(一)长期房产战略;(二)人才战略;(三)信息技术(IT)战略。这三个要素相互依存,必须结合起来才能实现总体效益。

人力资源、信息技术以及资产的各个层面紧密联系,在整个项目中扮演以下角色:

## 人力资源

- 制定工作风格和行为变革计划。
- 订立新的雇用合同或修订现有政策,例如开支方面的政策。
- 为未来工作场所(WOTF)计划提供明确的指导说明和程序。

## IT 信息技术

- 创建一个更简单的流程来订购 IT 工具包,并提供灵活性的支持服务。
- 发展无线技术。
- 最大限度地利用现有软件来实现远程工作,例如协作工具。

## 房产

- 制定修订版的旅行策略。
- 制定过渡计划,以完成过渡期的生产工作。
- 关闭以及拆除旧建筑。
- 更新消耗品和采购流程。

为了推动思维模式的转变，一套适用于全球 67,000 个职位的"工作风格"被创造出来，它被定义为：

| 固定办公 | 弹性办公 | 移动办公 | 在家办公 |
| --- | --- | --- | --- |
| 在绝大多数时间里，同事们需要呆在同一间办公室里完成他们的任务。他们工作的时间很灵活 | 同事们有 70% 到 80% 的时间在一家公司的办公室工作，但不一定是同一间办公室 | 同事们有一个指定的工作基地（办公室或家里），但通常在那里呆的时间不到 30%。大部分时间花在其他办公室，客户或客户网站 | 根据合同在家办公的同事，在参加团队或其他特定会议时偶尔会去公司的办公室。 |

每类工作风格都定义明确：(1)工作方法所需的技术；(2)合适的办公设施，如空间分配或办公桌轮用制；(3)领导力发展的支持，例如强有力的绩效管理流程以及远程团队的培训。

该方案常在若干年内分阶段引入公司，以确保在进入下一阶段之前，之前的方案都已经适当地嵌入了每个业务领域。"解放"项目在推出之时已经领先于时代，十年后将仍占领先地位。

## 推广弹性文化的挑战

实现真正的可持续变革往往困难重重。但一些变革是有理可循的，由此引发的问题也可以解决。如今主要面临的三个困境是科技、法规和思维。

根据工作地点，你可以考虑以下几点：

● **地方立法**：你需要了解当地的法律，这对你的公司意义深远。

法律是拟定合同的依据,其中的任何改动都需要与当地的工务委员会进行仔细协商,以确保合同的法律效应。例如,在意大利,远程工作的人受到法律的保护。

如果有员工受伤,法律可以要求该公司和高层领导团队中相关的成员承担责任,如果事情恶劣,还可以对其进行起诉和监禁。中东的一些国家曾立法规定不可无故压缩员工的工作时间。最近,弗勒和一位正在研究远程工作概念的日本同事聊天,他的同事说道,在日本,如果员工丢失了笔记本电脑及其机密内容,公司最担心的是客户的反应。因为他们很可能会失去客户,在某些情况下,甚至可能会被起诉。

- **科技**:科技经常被看成是变革的一大难题,弹性远程工作更是如此。运用信息技术解决问题往往费用昂贵,而且难以在全球范围内进行控制。例如,在亚洲某些区域,互联网并不可靠,不仅运行缓慢而且费用昂贵,但运用恰当的技术战略去实现个人的愿景和目标既是必要的,也是显而易见的投资。确定你是否具备灵活性工作的基本条件。一些组织仍然认为黑莓和苹果是一种奢侈品,或者说是"工作中的一种乐趣",它只允许一定级别或职位的人拥有。

- **思维模式和行为**:个人的思维和行为方式在推进这一议程方面发挥着重要作用,但也有可能是最难克服的挑战,尤其是管理者的思维。他们可能会考虑到这些:

  - 如果我看不到他们,我如何知道我的团队在工作?
  - 我怎样才能创造一种集体感?
  - 如果不待在一起,我们如何有效合作?
  - 如果我的员工不在我身边,我该如何培养他们?
  - 我如何让他们投入进来?

对于许多人来说,他们的思维需要更加灵活,也需要更加积极地去改变自身的习惯,比如微观管理。这些习惯大多是长时间养成的,而且在过去看来往往卓有成效。

此外,就个人而言,并不是每个人都想弹性地工作;有些人更喜欢在办公室办公。他们更希望在工作和家庭之间划清界限。他们可能住在巴黎或香港等房价昂贵的城市,家里也没有足够的空间去设立一个专门的办公室或工作场所。他们通常是几代同堂或者自己是千禧一代。研究表明,这些群体期待弹性但又不想独自工作,而更喜欢在办公室环境下与同事们一起工作。

很少有公司会考虑到个人风格诸如迈尔斯·布里格斯型指标(MBTI)等人格类型对他们工作效能感的影响。例如,内向的人(这并不意味着他们害羞,而是内心强大)通常会认为,在安静的空间里,他们工作最有效率。而另一方面,外向的人从合作和头脑风暴中汲取能量,他们更喜欢与他人合作。这两种性格类型都能提升工作效率,但是在关于办公室和灵活性工作能力上的观点会有所不同。

从文化的角度来看,《哈佛商业评论》的文章“平衡‘我们’和‘我’”由克里斯汀·康登(Christine Congdon)、唐娜·弗林(Donna Flynn)和梅兰妮·雷德曼(Melanie Redman)共同发表,讲述了不同文化背景下,人们对私人空间不同态度的见解。他们发现,在德国,员工的平均办公空间为320平方英尺,美国为190平方英尺。对于印度和中国的工人来说,分别是70平方英尺和50平方英尺。然而,尽管印度和中国的办公室相对密集,但员工都对自己的工作环境给予了高度评价,因为他们能够集中精力、不受干扰地工作。

## 应对挑战的一些解决方案

林达·格拉顿(Lynda Gratton)教授说,随着思维和行为的变化,

"无拘无束"的工作会在早期经历一段艰难的磨合期。创建一个多元化的团队也是如此。起初,意见分歧可能是最大的一个难题,但在有效的包容性领导下,这些团队最终会取得成功。

## 寻找让团队管理者和同事建立信任的方法

无论是在一对一的关系中还是在团队之间,成功的基础需要具备建立信任的能力。越来越多的文章都描述了信任对工作场所的含意。

将信任视为有效合作的基础,在跨地域工作时更需如此。大多数作者和研究者都一致认为,信任是敬业度和生产率的第一驱动力——相互信任的团队比缺乏信任的团队表现更加出色。

斯蒂芬·科瓦伊(Stephen Covey)在其书《信任的速度》中说到,员工在信任度高的公司中呆的时间更久,做事也会更加投入。苏珊娜·雅各布斯(Suzanne Jacobs)在其"积极小组"的研究中建立了雅各布斯信任模型。该模型确定了 8 个内在驱动力(如选择和自主、公平和目标)以及 3 个外部因素(弹性工作、工作量和工作-生活结合),这对建立信任至关重要。她将信任称为"绩效货币"。

在面对面的工作场所中建立信任十分具有挑战性,当涉及虚拟团队时,每个人都需要付出更多的努力去创建信任。读懂和理解非言语信号是提升信任的依靠,就工作对象而言,文化也会起到一定影响。例如,在亚洲,尤其是在日本,同事工作之间存在着一种强烈的等级领导风格,这意味着资历较浅的员工在谈论资历高的员工时会被认为是对他们的不尊重。

如果管理者对一个团队或团队成员的工作时间和地点的改变感到紧张,此处提供的建议是在短期内设定实施目标,并进行定期评审,以确保实施的内容以及不同的工作方法能使团队成员和管理者感到满意。审查需要定期进行。从关注每周或每月的产出开始,随着信心的增强,你可以延长审查时间。

　　值得一提的是,一般的雇佣合同会明确一定工作时间的工资数额;但它很少明确预期的生产力。正如我们之前提到的,有些人即使坐在办公桌前或会议室里,他们的工作效率并不高。你期待的是创建一支投入的、有动力的员工队伍,他们能充分发挥自己的潜能,实现自己的目标。当团队不值得信任时,管理者在最初仍应该选择信任团队,而不是在一开始时就选择不信任。如果知道有人信任你,并能付诸于行动,那么你也很有可能会选择信任他们,这是人类的天性。

## 明确目标、实施成果和完成时限

　　我们在这一章中以及本书的其它部分都讨论到了强大而有效的领导力。没有领导者的全力支持,我们无法成功实现可持续的文化变革。而这些变革能使人们了解业务依据,做到"言行一致",并且能够激励他人以不同的方式思考。就"言行一致"而言,他们可公开表示周末不回复电子邮件;也可设定 SMART 目标,并与团队定期审查;或者不断挑战自我,以确保能在高层次的项目中灵活地工作,一旦他们的目标达成一致并签署协议,就要避免对员工进行微观管理。

## 努力寻求有效的沟通渠道

　　强大而有效的领导力离不开良好的沟通能力,正如新的工作方法离不开更广泛的文化变革。从领导层的角度来看,商议在合适的时间内选择合适的方法进行定期更新是很有帮助的。如果条件允许,可以采用开放式日志。安排定期的虚拟更新,并根据需要随时与客户见面。你也可以在日记里为那些难以预料的期限或挑战做好应急计划。

## 采取灵活的工作方法，充分利用现有资源

每个人都可以采取灵活的工作方法来取得成功。根据现有的技术水平，保持沟通和联系的方式多种多样——如即时通讯、电话会议以及网络电话等，这些都能提升新工作方法的效率。对此，能够设定自己的工作界限非常重要，因为这会确保自己在每周工作之余都有高质量的休息时间。其中最重要的是能够合理安排自己的假期，假期应该是属于自己的休息时间而不是换个地点继续上班。

另外一个容易被我们忽视的重要因素是，人们从工作中缩减的那部分时间应该用于自我提升。例如，当人们将每周的工作时间从5天减少到4天时，他们通常会停留在现有的工作水平上，也不会参与看似与工作无关的事情，比如培训、辅导或者指导和咨询。

### 简 Ayaduray　渣打集团多元化与包容性部门经理

我们要改变弹性工作制度对女性员工更加重要的想法，要认识到弹性工作制度对每个人都很重要。

我们不能将弹性工作制度视为某种利益，或者是举手之劳的帮助。而要将其视为真正的商业驱动力。

作为横跨69个不同国家的全球性企业，我们依靠的是员工的灵活性。我们要求员工将加班看作是理所当然的事，而这有利也有弊。我们会确保在招聘优秀人才的过程中不设置不必要的障碍：我们应该寻找与职位本身最契合的人才，而不是与工作的时间和地点最为匹配的人。

然而，文化改革并非易事。两年半前，在我上任初始，我们在

13个国家推出了弹性的工作制度。人们都说自己对此很感兴趣，然而事实并非如此。部分问题就在于官僚主义——比如，你不得不填写表格，然后进行签字等。如此一来，员工和管理者们都认为，实行弹性的工作制度意味着会在办公室里呆更长的时间。

我们的出发点是让人们专注结果而不是过程：即关注人们取得的成就，而不是实现目标的过程。我们还要求管理者们通过签署"弹性宪章"来公开承诺支持弹性工作制度。宪章规定，工作应该被视为一种行动，而不是某个场所，宪章还强调了提升组织机构的价值，并呼吁管理人员要树立良好的时间管理模式以在工作和生活中取得平衡。

与此同时，我们也在努力克服一些具体的困难，例如，一些管理者担心，如果他们进行远程工作，其团队成员可能无法完成任务。同样，员工也担忧自己的时间管理而精神难以集中。这两方面担忧可以用同一个办法解决：如设定远大的目标，并定时回顾当前局势。当然，员工和管理者还要不断地保持交流。

"人们还担心，如果他们开启弹性工作话题讨论可能被认为缺乏敬业和奉献精神，也无法获得与办公室同事相同的机会。"同样，这也意味着我们要确保管理者真正致力于实现宪章目标，并让他们认识到潜在的偏见。

我们从自己的分析和外部研究中了解到，距离对绩效评级有影响。坐在管理者附近的人与坐在其他办公室的人得到的评价会不一样。这又回到了为企业增加价值的问题上。事实上，一个人的绩效评级不应该受到办公距离的影响，而是根据他们为公司带来的价值来评定。

在我们这样的企业里，人们有时必须长时间工作，但他们也要具备灵活性。他们需要知道这种情况不会每天都发生。如果他们一直在为完成某项协议而努力工作,那么他们也能够抽出一些时间来放松和反思。

　　我们希望为这类对话创造一个安全的空间,让管理者和团队成员都能从更广泛的角度看待弹性工作,并将其视为推动人们在生活的各个领域更有效率的工具。

# 实现工作新方法(NWOW)愿景的建议

　　如果企业内部根深蒂固的准则是管理者需要时刻围绕在自己团队周围,那么为了成功地转向新的工作方法,心态和行为上的改变是非常重要的。实现真正的变革需要系统的方法,我们建议采取下列步骤:

- **构建你对工作新方法的愿景**:如你想实现什么? 成功了会是什么样子? 当安永开始 EMEIA 的旅程时,他们的第一个里程碑是让每个地区都有一套正式的弹性工作政策,这些政策对所有阶层和性别开放(是的,最初有一个地区认为灵活性工作制只是在职母亲的福利)。他们的长期目标包括一些关键的绩效指标(如关键绩效指标或者我们在这本书中所谈论的"影响措施"),还包括申请灵活性工作的一贯方法,这些方法是"理性中立"的。每个人都是在一个支持他们当前活动的环境中工作——这被称为是基于活动的工作。除了这一愿景,你还可以为自己的公司量身定制一个变革案例,这对于获得资深扶助师的支持至关重要。
- **创建变革管理小组**:有时也称为指导小组或创新小组,他们既是变革的催化剂也是企业的形象大使。小组成员应该由来自业类不同领域、级别和职能的代表组成,至少需要囊括

IT、通信、财产和人力资源等部门。选择变革的领导者也同样重要——领导人需要具备变革经验。他们的首要任务之一应该是尽力获取各类数据，以便充分了解当前挑战的规模大小。这些数据包括人员调查结果、正式运用灵活性的工作人数、小组座谈会总结或者远程访问公司 IT 基础设施的人员，例如使用电子邮件或内部网访问的人员。

- **评估当前技术能在多大程度上实现弹性工作**：当弗勒刚开始从事这个领域工作时，她发现黑莓手机只提供给特定级别的人使用，不同的业务部门有不同的规则，这意味着同一级别的两个人，可能只有一个人能够使用黑莓手机。技术问题通常被当做弹性工作失败的挡箭牌。公司内的技术防火墙可能存在地域上的挑战、安全隐患以及趣味化的规格，但归根结底，这大都是反对者找出的借口。我们承认，我们需要加大对远程通信和合作技术的投资。然而，这种投资的合理性在于它是通过提高敬业度去提高生产率的，在某些情况下，还能降低房地产成本。

- **完成技术差距分析**：制定详细的计划，包含实施成果、时间表、里程碑和影响措施（或关键绩效指标）。该计划要求能够反映培训需求分析的结果，以及如何改变员工行为，提高员工的思维与行动能力。因此，学习和发展相邻领域的工作是重要的。培训内容可能涵盖多个方面，包括：（一）各种新技术的使用；（二）协作平台的利用；（三）开展高效率的虚拟工作（目标设定、绩效管理、沟通交流、团队合作）；（四）实行高效的文件管理。

- **和指导小组或创新小组分享培训内容**：这将使他们掌握更多的知识和技能，帮助他们通过不同的方式去思考如何改变和吸引其他利益相关者，以及如何去应对变革中遇到的阻碍。

另一个额外的好处是，他们参与变革的积极性和投入性可能会大大提高，从而为公司的变革树立更好的"大使"形象。

- **构建实施有效的沟通计划**：当变革来临时，不存在过度沟通的问题。正如之前所述，要寻找双向沟通的方法让人们参与到变革中来，倾听和述说缺一不可。如此一来，他们会觉得自己是变革的一份子，而不是"变革的被动者"。同样重要的是，我们需要认识到，公司根据沟通计划实施变革需要更多的时间。我们指时间的不是几周或几个月，而是几年，在这段时间里，变化有快也有慢。

- **分享成功**：选择有吸引力的故事定期报告改革的进展，这样有利于鼓励观望者参与进来。而你也有更多的机会接触和表彰那些模范员工并分享公司不同部门的优异表现。弗勒记起了她曾在一间从结构化办公室转化为开放式办公空间工作的经理。某位领导人对此持怀疑态度，他发现放弃私人办公室后要找个接听私人和机密电话的空间都很难。然而，他发现合作所带来的好处远远超过这难处，于是他抓住每一个机会谈论这些好处。结果，他们发现：

- 工作流程加快，因为人们不必等到正式会议才能做出决定。
- 沟通流程改善，团队间知识更能无缝传递。
- 初级工作人员与领导接触机会增多，他们对此十分珍惜，收获多多。

## 本章的五个要点

- 我们有太多人都不期望员工采用过时的工作模式——如今正是考虑采用不同工作方法的最佳时间。
- 许多挑战都来源于变革的抵制者，如技术和法规，但这些挑战都是小菜一碟。

- 要实现有效和可持续的变革，需要整个公司的部门共同合作。至少包括人力资源、房地产和 IT 部门。
- 弹性工作并不是指缩短工作的时间，而是指更有效率地工作。
- 思维的改变不仅对成功至关重要，还能推动行为的变革。

# 消除阻碍

> 如果你不会飞，那就跑；如果你不会跑，那就走；如果你不会走，那就爬。
>
> ——马丁·路德·金　民权运动家

在员工接纳变革之前，他们可能会有一段反感和抵制的过程。在这一章中，我们重点讨论关于多元化与包容性战略失败的一些原因，从而找出可能存在的障碍，以便减少它们的影响。

## 为何多元化与包容性战略会失败

在过去的几年里，我们看到了许多公司都投身于多元化与包容性的舞台——它们投入大量资金从外部寻求赞助、奖项宣传或者开展全公司的培训。这在预算和资源上都耗费巨大——当业务优先级发生变化，持续的赞助活动在几年内逐渐销声匿迹时，公司才会减少或停止这项活动。

理想情况下，失败不会发生，然而，要实现工作场所更具多元化和包容性，这种情况并非罕见。我们曾提到过约翰·科特，他发现大约70%的改革方案并没有实现最初设定的目标和产出。他总结了变革失败的一些原因：

- 复杂性太过——拘泥于细节而缺乏大局观。
- 未能建立可持续发展联盟——未能通过团队推动变革势头。
- 不了解实现美好愿景的基本需求，——若你找不到方向，又怎么知道如何前行？

- 未能很好地传达愿景——没有明确未来努力的目标。

- 允许障碍存在——难以识别潜在的障碍，也没有采取行动预期。

- 未能实现短期内的胜利——短期内的胜利会提高斗志，激发动力，如果看不到短期效果，长期变革就会受影响。

- 过于急切地宣布成功——变革是一个漫长的过程，我们应该在胜利中继续脚踏实地。

- 未能将变革融入企业文化中——缺乏企业文化不利于强化变革措施以及制定过渡计划，这可能会导致可持续变革的失败。

变革并非易事，然而，如果不根据项目制定合适的思想、治理和结构来支持变革实施和执行者，难度会更进一步加大。

## 如何识别阻碍

创造变革，也就是让人们改变思维方式，改变行为习惯，以从未有过的方式行事，这个过程不经历挑战就不可能有胜利。事实上，如果你在做这项工作时没有遇到阻力和障碍，那你应该扪心自问从一开始你的做法是否正确的，变革推进得是否足够深。

无论高管层有多支持和投入，无论你的员工有多热情，或者无论你的公司所说有多么的"盲目偏见"，在创造变革的过程中，你都会遇到阻力、障碍和挑战。

你可能需要应对各种类型的阻力和障碍。不同的障碍并不是孤立存在的，你可能会面临以下多种类型的阻力：

- **结构性障碍**：这可能是一种物理障碍，如某栋大楼不利于坐轮椅人士出入,但由于你不是这栋大楼所有者,所以有人告诉你,你无法改变其布局。也可能是公司内部的层级结构,比如某管理结构中,多元化与包容性部门向人力资源部门汇报,人力资源部门再向行政主管(COA)汇报,而行政主管只对降低成本和人员控制感兴趣。

- **程序障碍**:这是目前的业务流程或程序正导致的挑战。以人力资源流程为例:IT系统通常用作招聘流程的第一阶段,它会自动淘汰学位等级低于二等一的申请者。又比如,员工人数的跟踪和报告方式。弗勒曾经在一家公司工作,这个公司倾向于就员工的人数而不是总体工资成本作汇报。当公司需要裁员时,共享一份工作岗位的员工(即两个人根据一份全职合同规定的工作时间共同担任同一岗位角色)就会不同程度的遭殃。

- **态度障碍**:对许多人来说,这是最大的障碍,也是最难解决的挑战之一。通常来说,人们的真实想法容易被掩饰,包括偏见、刻板印象、信仰、观念以及变革的动机。如果一个人认为变革可有可无,那么仅仅停留在对变革原因的了解上是不够的。当我们讨论引入更加多元化的思想和视角为团队带来的商业利益时,许多人会在私底下认为,既然没有大问题,为什么还要改革呢?要实施伟大的政策,你需要依赖那些将它们付诸实践的人。

- **技能和知识障碍**:技能和知识方面的障碍指的是人们对某一专题领域的技能或知识掌握不足,甚至根本不懂,也不知道该如何去进行,更无法理解其重要性。有些人可能在某个领域经验丰富,而对另一个领域知之甚少,多元化与包容性可以为这些人群提供更广泛的议程。例如,如果你情商有限或者风格单一,当你需要以不同的风格去工作以及与风格各异的人共事时,你需要更加努力去应对这些挑战。

## 克服阻碍,减少影响

在应对阻碍时,我们需要了解上述哪些因素阻碍了你的进展,因为这将帮助你明确应对的方法和措施。

在这个阶段,考虑你遇到的障碍是问题的"症结"还是"表象"或者其它的原因也同样重要。

症结可以被定义为"导致症状出现的关键因素或原因",而症状的定义是"显示问题存在的迹象"。因此,发现和解决症结性问题更有利于阻止未来症状的出现。

解决这些症状从长期来看不会产生任何影响,随着时间的推移还可能导致其他症状出现。不幸的是,许多多元化与包容性行动计划关注的只是表面症状,而不是问题的症结。

要想在一开始就能准确定义什么是症状,什么是症结不仅听起来容易让人捉摸不透,实施起来也困难重重。一个简单有效的方法就是使用"五个为什么"策略。这是在六西格玛中使用的技巧,六西格玛是一种严谨的方法,它能消除任何业务过程中存在的缺陷。这项技巧可以帮助你深入研究不同层次的症状,找到问题的症结。它通常以一种陈述方式出现,你可以根据陈述来采取行动。尽管被称为"五个为什么"策略,但使用这种方法对问题追根溯源需要经过多次的摸索,例如:

**观察点**：数据显示，残疾人士在公司内晋升很难超过副职。

**问　题**：为什么残疾人没有取得晋升呢？

**观察点**：一些人决定离职，而留下来的人通常都呆在相同岗位。

**问　题**：为什么一些人决定离开公司？

**观察点**：离职面谈无法得到很多信息；然而，有几个人暗示公司缺乏对个体支持。

**问　题**：为什么他们会暗示缺乏支持？这意味着什么？

**观察点**：我们可能没有意识到残疾员工需要得到多大程度的支持，我们也没有让他们方便地提出。

**问　题**：为什么我们没有意识到员工需要支持的程度？

**观　点**：我们没有向直管经理们明确提出如何给予残疾员工适当的支持，以及他们该去哪里寻求帮助。

从上面的例子可以看出，症状是残疾员工在公司中没有得到晋升。造成这种情况的根本原因是，公司没有为残疾应该的直管经理们提供支持和帮助，而这反过来限制了对个体的支持。

要实行可持续的变革，公司应该釜底抽薪，而不是只就表面症状做出应对。如此一来，通过解决症结性问题，公司可以为残疾人士以及他们的直管经理提供提高他们意识的活动，以告诉他们可以获得的支持和各种工具，例如合理调整行动等。

最后要考虑到的是，公司内面临的各类障碍往往难以察觉。因此，你需要将自己融入到公司内部，与不同级别、不同背景的员工进行接触，从而去发现挑战是什么，在哪里，以及如何对症下药，消除它们。

## 本章五大要点

- 70%的改革项目都没有实现预计的目标和产出。
- 不断地审查计划以避免变革失败关键要素生变。
- 要实现可持续变革,需集中精力发掘问题的症结而不是症状。
- 变革中有多个不同障碍,许多是相互关联的。
- 变革是一个漫长的过程,所以不要急于求成。

# 全球化思考　本地化行动

　　全球化意味着我们必须重审自己的一些想法，审视来自其他国家，其他文化的想法，并向它们敞开心扉。这对普通人来说并不容易。

——赫比·汉考克　钢琴家和作曲家

　　在这一章中，我们着重考虑如何创建全球化精神，并将其转化为本地化行动。我们还会回顾地方领导和员工在促进该计划实施方面所扮演的角色。

## 全球本地化——思考全球化，行动本地化

　　无论你的公司是在多个国家设有分支机构的真正全球化公司，还是在一个国家设有多个地区营业网点的公司，你的视野和战略都需要具备全球化水准，并能在当地引起共鸣。

　　对于任何规模的公司来说，具备全球化、总体化的思维和眼界是绝对正确的。然而，灵活性对公司来说也同样重要，因为这能让当地人明白这些思维和眼界对他们有什么深远的意义，能使他们拥有怎样的特权，以及指导他们该如何正确行事。例如，在南非，人们聚焦南非黑人经济振兴政策（BEE）上，这个项目由政府启动，通过给予南非弱势群体之前不曾享有的公民经济特权，来解决种族隔离中的不平等问题。

　　我们都见过这样的情况，全球化战略以及对如何实施这一战略

的期望所受的约束性过大或者不恰当,以至于全球化战略在本地发挥作用十分困难,甚至几乎不可能实现——考虑到这正是多元化与包容性战略意义所在的话,这些做法显得十分讽刺。比如,想想在某些非洲国家创建 LGBT 社交网的敏感性。事实上,在一些国家,这种行为是违法的。种族和国籍这是人们的核心关注问题。在美国,许多公司都会为西班牙员工设立社交网,并会问起在欧洲开展的活动,因该地区西班牙裔的待遇不同。

## 全球化思维构建

为了能有效地构建全球化精神,我们需要考虑若干因素。正如我们在前几章中强调的那样,本质上,你的多元化与包容性战略需支撑起你的业务战略。理想情况下,如果你的公司在世界各地都有业务,那么就不应该完全受"西方价值观"驱动。这是我们在新兴市场开展跨文化培训时时常听到的抱怨,这些培训是西方视角下国籍刻板印象的陈规化培训。为了实现计划而制定的框架必须能在全球范围内适用,并有与之对应的培训工具和资源。为了做到这一点,我们还需注意一些额外的事项,包括:

- 允许公司内不同部门的员工参与进来,给不同国家和司法管辖部门的工作人员提供机会,让他们有机参与到全球化的工作中去。
- 考虑词汇的使用。例如,"有色人种"在某些地区使用是冒犯性的,而在其它地方则是正常的。
- 确保所有的治理结构,如多元化与包容性指导小组,都拥有来自全球或各地区工作点的合适代表。
- 将灵活性融入所有地区、司法管辖部门、国家和工作点中,使他们有足够的余地来转化全球化趋势对他们的意义——例如,考虑不同国家中种族的意义不尽相同。

- 在必要时,鼓励并支持不同的地区量身定制一系列的行动和影响措施,从而与全球化愿景和趋势保持一致-例如,在中东一些国家必须遵守不同国家员工配额。
- 与来自各地区,各司法管辖部门、国家和工作点的同事共同思考和探讨如何在战略范围内保持全球一致性。例如,从性别角度重点强化领导梯队建设。
- 明确如何进行跨领域工作,以确保制定实施的所有内容都能将文化规范、地方习俗和法律要求等重要差异考虑进去。
- 让核心工具个性化以表示对本地同事的尊重——例如,弗勒曾与一家公司合作过,这家公司采用表演和小品的方式展开培训。当演员们进行环欧表演时,公司会确保其中至少一位演员能够说当地语言。

## 全球化精神的本地化实施

当夏洛特为一家全球金融服务公司制定战略时,她了解到,许多跨国企业的文化截然不同,一种方法无法适用所有地区。为此,她构建了一个全局的多元化与包容性愿景和四个主题作为扩散商业计划的推动器。多元化与包容性愿景和四个主题引起了全球商业领域的探讨,并获得了一致认可。

该公司的全局愿景是:"多元化与包容性就是我们的生存方式和经营方式。它是我们 DNA 的一部分,体现在我们所做的每一件事中"。

战略规划的主题被构建成一个"战略金字塔",以便阐明四个主题以及实现可持续变革所要采取的措施(见图 16.1)。

然后,每个国家都要负责制定各自的计划,并阐明上述战略金字塔对它们计划的意义,实施计划所面临的挑战,针对每个主题会采取的三种措施以及它们该如何衡量这些措施的效果。

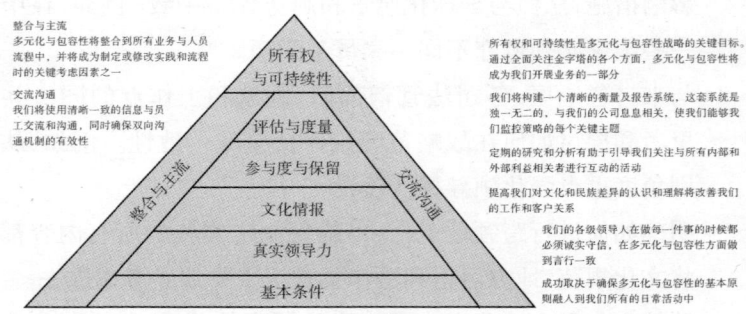

整合与主流
多元化与包容性将整合到所有业务与人员流程中,并将成为制定或修改实践和流程时的关键考虑因素之一

交流沟通
我们将使用清晰一致的信息与员工交流和沟通,同时确保向内沟通机制的有效性

所有权与可持续性

评估与度量

参与度与保留

文化情报

真实领导力

基本条件

所有权和可持续性是多元化与包容性战略的关键目标。通过全面关注金字塔的各个方面,多元化与包容性将成为我们开展业务的一部分

我们将构建一个清晰的衡量与报告系统,这套系统是独一无二的,与我们的公司息息相关,使我们能够我们监控策略的每个关键主题

定期的研究和分析有助于引导我们关注与所有内部和外部利益相关者进行互动的活动

提高我们对文化和民族差异的认识和理解将改善我们的工作和客户关系

我们的各级领导人在做每一件事的时候都必须诚信守信,在多元化与包容性方面做到言行一致

成功取决于确保多元化与包容性的基本原则融入到我们所有的日常活动中

**图16.1　金字塔战略─全球内的多元化与包容性**

你可以想象,行动计划的出发点各不相同,每个计划都会根据公司部门、所处国家或地区位置以及工作情境的具体情况优先考虑不同行动。例如,在"员工敬业度和人才挽留"的主题中,博茨瓦纳的重点是增加当地人而不是外籍人士担任高级职位的比例;日本则注重提高女性在职场的比例。再比如在"基本原则"这一主题中,德国的重点是与劳资委员会就弹性工作的意义达成初步协议;而美国则注重为个人提供技术以支持员工能够在其他地点如家里工作而不必每天往返通勤。

不要低估全球化工作或者多点工作的复杂性。你需要制定多个合适的计划,你会觉得你在任何时候都在玩丢球杂耍。巧妙之处就在于,你要确保有人跟随你,并让他们在你的支持下制定计划,让他们对自己所在的公司部门有一定程度的自主权和责任感,重要的是,要力求进步而不是追求完美。如果一个行动计划很完美,却没有实施,那么也没有什么意义。

索迪斯(Sodexo)是一家在世界各地均有分布的大型全球性公司。我们拥有来自 130 个国家的 42 万名员工,他们在全球 80 个国家 3.5 万个工作点工作。索迪斯是全球第 18 大雇主。多元化广泛存在于我们的员工以及每天接触的 7500 万客户中,因此多元化和包容性是我们文化和业务增长战略的固有部分也就不足为奇了。

我们的全球性多元化与包容性战略包括四个关键的战略重点领域——劳动力、工作场所、市场和社区。每一个关键领域的成功与否都取决于我们是否有能力根据地方和国家需求量身定制的策略规划和干预措施,而这也有助于培养文化反应敏捷的领导者。我们授权各地区根据当地情况优先考虑其发展重点,意识到适应本地区文化差异的必要性。例如,法国和巴西将残疾人士作为其多元化工作的重点;而在亚洲、中东和非洲地区,我们更注重培养当地国籍的人才;在中国,代际问题和人才保留则是重点领域。

虽然性别问题是每个地区关注的焦点,为确保国家适应性和成功率,采取的方法各有细微差异且表现形式多样。以印度市场为例,最初我们采取的是借助中层经理的指导和领导力发展项目来提高其性别比例分布。然而,由于印度女性常分享工作经验和面临的挑战,倾听当地劳动力心声的重要性也变得更加明显。这些女性员工说,她们经常和公婆住在一起,作为大家庭的一分子,当她们工作到很晚的时候,她们经常会因为晚餐准备的匆忙或者无法准时准备晚餐而受到惩罚。因此,公司在印度发起了一个妇女表彰日活动,在这天邀请大家庭成员到工作场地一起见证公司为女性员工颁奖、表彰女性员工的贡献。经历多次表彰日活动后,女性员工报告她们在家庭的接受度有不同程度的提高。事实上,当一些女性员工不得不工作到很晚时,其家人也会愿意承担起做饭的责任而不再完全依赖她们,这样一来,她们能够更加投入到工作中、发展自己的事业。

与任何新战略一样,业务依据的阐释是对概念接受至关重要。为此,索迪斯进行了一项内部研究,以展示性别均衡管理团队与其绩效的相关性。研究的6项关键业绩指标(员工敬业度、品牌形象、客户保留率、有机增长、毛利润和营业利润)均随管理团队的性别均衡度提高而提高。研究最终表明,性别均衡团队能产生乐观成果,更具有可持续性和可预测性。因此,这项研究有助于消除性别阻力,推动我们性别多元化倡议的进展。此外,通过诸如索迪斯包容性精神之类的培训(该培训用来提高员工意识并为管理者促进多元化和包容性文化发展提供强有力工具),员工的认同感增强了。全球化思维和本地化行动是这一倡议成功实施过程中不可或缺的部分。培训计划都有全球化目标,但也会有与全球化目标保持一致的结构和信念。然而,为了提高与各个国家的联系并使其产生共鸣,我们调整了细节,将本地面临的挑战和相关个案包含进去,以更好地适应本地需要。我们在各个国家开展培训时,从一开始就选择与当地的团队合作,获得他们的支持,从而获取更大的权益。高管是培训的支持方,培训以当地的语言进行。通过级联方法,首先将培训(包括多元化与包容性的商业案例)提交给执行委员会。然后,这些领导者通过培养培训师认证流程,为指定的内部讲师提供进一步的支持。

这个过程虽然耗时,但已被证明是成功的,培训还通过全球大使社交网实现更大范围的推广。在过去 10 年里,4 大洲 28 个国家的 3.7 万名索迪斯员工参加了该计划。我们将继续根据各地的地方性需要个性化调整包容性精神的培训内容,并如期在亚洲、北非和东欧开展培训。

对新观点保持开放的态度并随时调整举措将产生协同效应,推动企业取得成功。事实证明,了解当地的环境非常重要,通过获得区域利益相关者的投入,可以在全球框架内成功实施当地的多元化与包容性战略。而事实也证明,这是索迪斯实现"生活质量"使命不可或缺的一部分。

## 授权当地员工执行他们的计划

在安永,弗勒的领导覆盖了欧洲,中东,印度和非洲(EMEIA)的99 个国家,他们集中在 12 个地区,人口超过 10 万。在区域层面上,她是两人小组中的一员,她高度依赖在当地工作的同事。她倾向于把自己的角色想像成公司的内部顾问,把公司当成自己的客户。她所采取的方法是,每个区域至少需要一名专业的多元化与包容性领导者(工作描述见表 16.1),他们能反馈 EMEIA 策略,然后将其转换为与当地相关的策略。大多数地区还需要一名多元化与包容性合作扶助师,负责管理领导团队的议程概要。

弗勒称其为核心利益相关者小组。期望通过发挥自身职能作用去推动进步的任何人员都能加入她的扩展小组。例如,招聘主管、领导和开发管理者、人力资源业务伙伴以及内部沟通专家。多元化与包容性的领导角色很难胜任。这需要一批人员,这些人没有直接的资源,但能够熟练地与不同的利益相关者一起工作,并且能够鼓励他人完成自己的首要任务。

表 16. 1　　　　　多元化与包容性高级经理的角色描述

| 目的 | 责任制 |
| --- | --- |
| 负责推动整个地区多元化与包容性议程。该战略因地而异,包括以下几点:<br><br>1. 让利益相关者参与其中——使其了解投资多元化与包容性对公司和商业带来的利益<br>2. 教育我们的员工——增加利益相关者对如何有效利用差异性的理解和认识<br>3. 将多元化与包容性整合到我们的流程中——将多元化与包容性嵌入到我们的业务系统,策略和实践中 | 代表性的责任范围包括:<br>• 与主要的内部利益相关者共议如何将多元化与包容性嵌入日常活动中<br>• 项目管理——例如基准测试和计划<br>• 数据分析,追踪多元化与包容性的战略影响,报告以及行动计划<br>• 为公司外部代表的业务提供多元化与包容性方面的咨询与支持<br>• 与外部利益集团合作,支持我们的多元化与包容性战略<br>• 代表该地区作为多元化与包容性利益相关者团体的一部分<br><br>这一角色也有助于:<br>• 企业通信——监控和持续开发内部与外部的沟通计划<br>• 与我们的职能合作伙伴(如招聘,供应商多元化,多元化与包容性)合作,将多元化与包容性嵌入其业务系统<br>• 网络管理——网络领导者是制定和推动网络计划时的重要合作伙伴<br>• 网络治理——预算管理,子区域和网络计划的协调 |

　　这可能是一个非常孤独的角色,但利益相关者每个月都会举行一次正式的电话会议,他们可以分享手头的事务、成功的过往以及如何

制定计划来应对挑战。多年来,这种优良经验分享一直是大家灵感的源泉。尽管这是一个虚拟团队,成员之间也没有见过面,但彼此都能相互支持。例如,弗勒曾为高潜力女性管理者开发一个项目,该项目所含内容可以定制并可本地化执行。项目在中东地区贯彻执行得非常出色,中欧和南欧(SCE)地区也积极跟上。结果,中东地区的多元化与包容性主管为中欧和南欧(SCE)地区的人力资源团队推出了一项虚拟"培训培训师"项目。

最近,弗勒为她的核心利益相关者团体主办了一系列变革管理网络研讨会,重点聚焦于阻力管理和社交网助力等话题。她与每个人核心利益相关者个别交谈,并尽可能多地拜访他们。随着时间的推移,她得到的最重要启示是,成功的关键在于确保你的利益相关者群体知道你的首要任务是支持他们成就目标。

## 本章五大要点

- 确保从一开始就将本地利益相关者纳入多元化与包容性战略发展中。
- 准备应对阻力,有时要能妥协——例如,如果法国在积极寻求措施、减少未达残疾人配额标准的罚款,那么他们也可能一开始就没有资源来推动 LGBT 议程。
- 仔细考虑本地多元化与包容性战略推动者的作用,与他们一起努力,确保他们能够理解变革管理的原则,对实施成果有坚定信念,并能在各个层面发挥影响力。
- 创办某种形式的机构,便于关键利益相关者能定期联系、激发动力以及分享他们的成功经历。
- 确保你在"总部"构建的是本地领导人实际需要并可使用的内容。并从一开始就让他们参与你的思考。

# 第四部分

获得回报

# 评估影响　变现收益

成功需要我们开初付出十分努力而只得一分回报。但由此获得的动力会令你在之后每付出一分努力就获得十分回报。

——查理斯·葛佛斯　作家

我们如今正处于"获得回报"这一 STAR 框架的最终阶段。想要真正这一阶段实操，你必须将多元化与包容性嵌入企业的方方面面，同时让员工们对这种行事方式习以为常。

在践行多元化与包容性理念后，评估此理念对工作产生的影响很有必要，这也是最基础的关键领域之一。例如，虽然追踪有多少人参加社交网活动是有益的，但你也要评估这些活动的实际影响。

本章我们将关注如何创建正确可追踪的测量指标、目标和配额的差异，以及如何将影响力测量转化为业务收益。

## 形成正确可追踪的测量指标

当考虑所谓正确的影响力测量指标时，不仅仅是报告不同级别具有多元化特征的员工数量，这点当然重要，但请回顾本书第一部分"开始启动"评估目前处境时，我们让你考虑的所有需要考虑的信息。那一节的内容能怎样帮助你思考所要创建的影响力测量指标呢？能怎样帮助你创设随时间变化的变革依据呢？为什么这如此重要？以及它为更宏观的业务战略规划所带来的积极贡献。

在确定和形成正确的影响力测量指标时,有些金律需要考虑:

1. **明确什么对公司重要**:你所要评估的内容取决于你所在公司的要求,由你的可用信息和根据战略规划来测量进展时需要的信息来控制。以下是与大多数雇主有关的一套标准化测量指标:

   - 员工人口统计数据(按特征、级别划分)。
   - 员工意见调查数据(根据具体问题以及基于问题的不同特征人群的认知差异)。
   - 职业生涯不同阶段不同领域的员工见解,如离职面谈。

   确保你挖掘的数据对公司和高层领导都是重要的,也是他们感兴趣的。例如,如果公司正在努力扩大消费者群体基数,你是否能够找到数据来说明这是否正在发生?若你没有,为了能找到该信息,你是否能够与人一起创建必须的基础设施?

2. **测量多元化与包容性**:你需要收集人口统计数据和员工敬业度信息。有一些公司掉入陷阱:声称多元化与包容性很重要但却只测量了多元化。要确保你评估了所有行动,并且每次评估都同时包括了多元化与包容性的影响。

3. **不同地区不同指标**:世界各地的立法和监管期望与要求非常不同。我们在一个国家能够问的问题,在另一个国家可能被视为文化禁忌,在其他国家则可能非法。在决定你影响度测量指标时,请考虑你将要采取的测量指标在不同国家和司法管辖区实行的可能性。大多数公司有影响评估的公司只将性别作为跨国影响评估的一致性标准,即便如此,也可能存在数据保护问题。这没关系,但是这不应该限制或者阻碍你的本地化评估内容。审查全球影响是很大的事情,尽可能广泛地评估本地化影响是至关重要的——全球化的指导方针,本土化的评估指标。

4. **个性化评估过程**：早先已经提及过，评估关于公司发展的重要方面是重要的。这些报告和展示可以用多种方法来实施。一些公司创建了他们自己的"平衡记分卡"，包含了公司的关键测量指标。简单地说，平衡记分卡是一种战略规划以及评估工具，已经在很多部门和行业中使用，让业务活动与公司的愿景和战略保持一致。对于一些公司来说，多元化与包容性评估能被包含在更广泛的商业平衡记分卡中。对其他公司来说，他们可能已经为多元化与包容性创建了专属的记分卡。

以巴克莱（Barclays）为例，21世纪初，夏洛特是平等及多元化工作小组成员，他们是最早一批将多元化测量标准纳入整个商业规划体系的公司之一。快进到2015年，巴克莱在其整个业务平衡记分卡中都有一个多元化度量。表17.1是一个如何将多元化与包容性度量包含在商业记分卡中的示例。

平衡记分卡的挑战在于，它可以只关注数字。是的，你可以包括员工意见调查中敬业度得分的各个方面，这将表明公司的包容性有多强，或者公司文化正在如何变化；然而，仅这一点就可以掩盖许多其他重要方面。

**表17.1** 包含多元化与包容性的商业记分卡

| 公司<br>提高年回报率<br>改善由利益相关者评估的行为声誉 | 消费者<br>提高客户满意度<br>创新产品和服务 |
| --- | --- |
| 同事<br>增加女性在领导层中的比例<br>保持员工在各个领域和层次的敬业精神 | 社区<br>实现可持续的碳减排<br>增加对当地慈善机构的资助和支持 |

**表 17.2**

**STAR−评估过程**

明确的方法和评估将会监管实施过程以及朝着最终目标前进,这个最终目标就是人"我们做业务的方式"。这对业务的各个领域都适用,并且比同事议程更加宽泛,包括客户和供应商

| 出发 | 飞跃 | 实现变革 | 获得回报 |
|---|---|---|---|
| 清楚明白"照旧"是什么以及其对公司的影响 | 根据计划提供适当的资源 | 由"不同群体"监控的数据,以确定人力资源内部的趋势和"热点",例如晋升并采取适当的行动 | 在任何活动/项目开始时都积极地对多元化与包容性进行讨论和整合 |
| 用 X 时间尺度来定义和表达"我们想要的目标"的愿景 | 在区域/国家内提高对主题的认识与理解,包括业务原理 | 由业务部门监控和审查的数据,用以评估活动以及如何进一步提高,例如客户参与度的提高 | 高层领导对他们在多元化与包容性上负全部责任,并积极表现上求反馈 |
| 建立管理层/领导层的承诺和责任 | 可见来自管理层/领导层的有形的支持 | 多元化与包容性的想法融入了所有来自领导层的沟通 | 从公司各级领导那里看到真正的领导力 |
| 制定适当的沟通和参与计划 | 领导团队对于如何将多元化与包容性嵌入他们的业务优先级有一个计划 | 在人员流程和 360 度人员反馈中评估包容性领导行为 | 多元化与包容性自然是任何商业战略和计划过程的一部分 |

续表

| | | | |
|---|---|---|---|
| 适当的法律要求对这些要求的执行情况进行定期审查 | 包括多元化与包容性思维的关键政策和实践 | — | 多元化与包容性被看作是一个从不同角度思考商业问题和挑战的商业机会 |
| — | 改善"不同群体"的参与程度及认知数字 | — | 同事们知道如何,也确实将多元化与包容性的想法融入到他们的日常指责中 |
| — | 从"多元化视角"审视业务问题和挑战 | — | 对"不同群体"的感知数字和需要采取的行动有清晰的理解 |
| — | 超越总部和文化上适当的范围 | — | "不同群体"的参与度和知觉数据与"多数"的回答一致 |
| — | 多元化与包容性提升了公司的品牌和外部形象 | — | 包含多元化与包容性思维的全部实践和过程(比如人力资源更广泛,包括客户和供货商) |
| — | — | — | 多元化与包容性是公司品牌和外部形象的核心 |

每一级都是不同断的,都是建立在上一级的基础上。向下一级别的移动只能通过对全部地区清楚地实施,除非业务结构或者有理由对此进行阻止

所有权和可持续性只有通过系统地完成每个级别才能实现并且在进入下一层级前要将那个活动/过程嵌入进去

夏洛特与一些公司密切合作,创建了他们自己的多元化与包容性蓝图。表 17.2 提供了一个全景图,不仅反映了公司在特定地区或国家的进展情况也能反映公司整体的状况,创设了公司持续进步的感觉。此外,它还包括需继续关注的障碍以及未来的活动。表 17.2 显示了一个评估工具的概览,能够用来支持第一章中概述过的 STAR 框架。

在这个特定的公司中,该蓝图在每个国家和部门中使用,以了解每一项进展情况,然后向公司指导小组和执行委员会报告。成功之处在于,公司的每个部分都是相互比较的,这创造了一种竞争优势,同时也清晰地看到了未来几个月他们的实施重点是什么。正如我们在上面第三点提到的,在跨地域比较时需要谨慎,这可能并不总是一个公平的比较。

一些公司使用"包容性指数"作为一种高级概述的方式来分享正在取得的进展。夏洛特在一个公司中创建了一个包含 20 道关键性问题的指数,这些问题来自员工意见调查。这些问题整合在一起,形成了"包容性得分",即所有 20 道问题总体的正向得分。它是为公司能够评估全部多元化特征而创建的,要总览"包容性得分"如何变化依赖于公司内不同员工群体的不同回复。尽管该包容性得分属于高层级评估,但它确实实现了一种让员工感觉自己参与度更高的整体感觉,并鼓励公司作进一步的详细分析,发现问题并尽可能地克服它们。

在欧洲、中东、印度以及非洲地区(EMEIA)区,安永公司采用了一种双管齐下的评估方法。他们有一个每年完成的详细模板,来提醒战略规划对性别的关注。关注重点是根据以下三项原则评估员工留任、晋升、征聘、敬业度评分、领导项目参与、安排任务以及业绩进行排名。

- 公平代表制。
- 不稀释。
- 不做回归分析。

他们还要求企业的所有职能部门在招聘等常规报告中考虑性别因素。

5. **你所要评估的也是一段旅程**：你最初能够评估的可能少于你最终想要的。确保你清楚你最终想要的数据和信息，以便评估其影响，并将其添加到你更广泛的实施计划中。还要确保其他人知道数据为什么重要以及如何使用数据。

# 个人评估

以上的内容主要集中在公司评估正在发生变化的度量。然而，我们还没有涉及多元化与包容性中有关个人的评估。个人评估将集中注意力到公司的微观层面中，关注每个经理或员工的行动和表现。如果这是你公司认为已经具备条件实施的路线，个人评估指标的设计就依赖于个人的角色范围。

一些公司对此创建了绩效管理系统来评估"做了什么"和"怎么做"。"做了什么"关注于你实际所做到了的，例如，新员工中女性的比例。"怎么做"关注于具体表现，例如，在整个招聘过程中，你让新员工感觉他们受欢迎和且做事轻松吗？迄今为止，如果公司在微观层面上评估多元化与包容性进展，他们往往会将重点放在具体表现上，也就是活动"怎么做"上。英国国家电网（National Grid）承认这一点，并开发了一个关注具体表现和价值取向的绩效发展体系，其中"做了什么"和"怎么做"在定期绩效考评中具有同等的权重。

## 英国国家电网——P4G

英国国家电网是一个总部设立在英国的跨国组织,在美国也有重要的业务。它致力于成为世界一流的网络设施。主要致力于安全、可靠和高效地提供能源。他们的愿景是"今天我们为你送去能源,请相信明日我们也会为你带去能源"。他们全球员工超过 26,000 人。

英国国家电网创建了 P4G(绩效促进增长),这是一个绩效管理系统,对人们所做的和人们如何做这些事情给予同等重视。

通过遵循适用于组织管理层人员和非经营性员工的"50%你做什么,50%你怎么做"的框架,他们在相对短的时间内实现了广泛的、积极的文化变革。P4G(绩效促进增长)在全球范围内使用,每年作为人员框架的一部分与员工进行沟通,使员工能够看到他们的个人目标如何与组织愿景相关联。

与大多数组织一样,在实施 P4G(绩效促进增长)之前,英国国家电网面临的挑战是过于强调目标,而不够重视具体表现。

如果你的组织已经实现这种评估绩效的方式或者正在考虑走这条路,那么重要的是要考虑如果出错,对员工和文化会有什么影响。夏洛特记得,她曾为一家公司工作,这个公司实施"做什么和怎么做"风格的绩效管理,但之后很快就受到了严厉批评。首席执行官面临的挑战是,他公开承诺,你在实现目标时所作出的具体表现与你所实现的成果一样重要。随后,他拒绝解雇一名明星交易员,这位交易员为了达到自己的目标,明显表现出恃强凌弱的行为。这就产生了这样一种看法,即结果仍然比过程重要得多。因此,在这位首席执行官的剩余任期内,职场具体表现的重要性从未得到真正的重视。

当沿着个人评估路线进行时,考虑以下几点很重要:

- 多元化与包容性活动的成熟度——你有评估进步的企业文化吗?还是说这是你的第一次评估?
- 评估文化——员工个体通常会在对公司发展重要的微观层面得到评估吗?
- 员工个体的角色是什么?他们负有什么责任?——确保员工个体能够在其负责的领域进行评估很重要。例如,一个部门经理可能会负其所辖团队的责任薪酬与招聘决策——能够对他们从多元化与包容性角度对这些过程进行评估吗?
- 你是否处在一个员工个体对自身进步负责且能担责阶段?
- 你是否处于"做什么和怎么做"同等重要的文化中?如果不是,你打算如何评估具体表现。

同样,当涉及个人评估时,一个标准不可能适合所有人。重要的是要针对个人和"角色"量身定制具体措施。考虑何时引入这一点,在你的多元化与包容性之旅中也很重要。

## 目标和配额

如果不讨论目标和配额,我们就不可能讨论评估。多年来,世界各地众多的公司就目标和配额进行着激烈的辩论。不幸的是,在某些讨论中,这两个词被交替使用而没有得到明确的理解,其差异也没有得到明确区分。我俩也都喜欢使用目标一词,就像你通常对公司其他领域所做的那样,但我们对配额一词的使用十分谨慎。

目标是你想要达到的结果或情况,大多数企业都是按照目标工作的。例如,他们希望在给定的月份或年份实现的营业额。这是一个特定的数字或一个特定主题的上限,通常由公司自行决定。例如,有了一个目标,你可能会决定尝试提高拟招聘的女毕业生的数量,并设定一个目标,实现男女员工各占一半。

配额要具体得多。例如,你同意今年招聘 10 人,其中 6 人必须是女性。如果你找不到 6 位女性,你只能雇四位男性。配额通常是强制性的,通常由具有权限的机构在外部设置,强加于公司。

在董事会中对女性实行配额的威胁受到包括英国在内的一些国家的挑战。这些国家认为对女性实行配额应该是最后的手段。另外一些国家比如挪威,在几年前就采用了配额制度,本书撰稿期间,这些国家的董事会中女性的比例在所有欧盟国家中仍然是最高的。尽管如此,这并不能增加女性在高管层的比例,因为她们数量仍然不够。

一些国家还对其雇佣的残疾人人数实行政府配额,在中东对本国国民实行配额。一些公司会因为没有完成配额而被罚款,另一些则与你在该地区做生意的便利程度有关,例如,为外籍人士获得工作许可的容易程度。安永的法国分公司在过去的五年里十分努力,成功地减少了因未达到残疾配额而支付的罚款。所以,虽然这样的规定并不理想,但它在某些情况下确实有效。

也就是说,许多公司已经决定集中精力在其内部为想要发展的领域制定目标,这已是屡见不鲜,当然,最新的进展是有很多公司愿意公开他们的目标。本世纪初,当夏洛特在巴克莱公司任职期间,公司设立了高级职位上女性和少数族裔代表数的目标。再一次,快进到今天,普华永道(PWC)、劳埃德银行集团(Lloyds Banking Group)和毕马威(KPMG)等公司已为公司内部未来高管的人口结构公开设定了目标。

像往常一样,在为你的公司设定目标之前,有很多因素需要考虑：

- 公司的文化是什么？它是目标驱动的吗？

- 设立目标是否会鼓励不当行为？领导者是不管付出什么代价来实现目标，还是他们也会考虑为实现目标所表现出来的行为？

- 估算一下——如果没有其他变化，对未来的预测是什么？

- 长期预测——在未来的 x 年里，你需要做些什么来实现目标，例如，公司中有多少新成员必须来自那个特定的团队才能实现目标。

- 没有达到目标会有什么后果？公众/品牌声誉问题？高级管理人员的财物损失？其后果是否足以推动变革？

- 时机合适吗？公司内的人是否了解多元化与包容性的重要性？他们是否理解为什么需要一个目标？时间和沟通就是一切。

如果一个公司决定沿着创建和沟通目标的道路前进，做好功课是首要的。许多公司在遇到第一个障碍时就失败了，因为他们制定的目标在详细的考虑公司业务目标、未来增长和招聘预测的审查中，就发现不可能实现的了。创建一个目标，并公开推动它，而却无法经受住严格审查来看它是如何被实现的，没有比这种情况对该议程更有害的事情了。

## 将影响力措施转化为业务收益

实现业务收益，就是要贯彻实施你说要实施的内容并确保它对公司产生预期的影响。这是战略的关键时刻。在这个阶段，你首先要向公司发出一个信号，告诉他们所有的努力工作是如何对关注领域产生影响的。你再设定对未来的期望,并确保你保留了利益相关者对工作的投入度和动力——改变现有文化而付出的努力工作真是值得的吗?

在变现收益阶段,我们会更详细地研究一下三个主要范畴:

- 开启影响评估。
- 评估影响变现收益。
- 继续改进。

## 开启影响评估

在整本书中,我们都强调了一点,你不可能独自完成变革。可持续的文化变革,无论公司的规模大小,通常都不是一个人创建的;相反,它是人们因为同一愿景朝着同一方向前进的运动。

进入评估影响阶段时,重要的是提醒其他人既要知道已商定的措施也要明了预期的业务收益。例如,工作的重点可能是创造一个更灵活的工作场所,因此其中的一项措施可能是从员工意见调查中寻找对具体问题正向回复数的提高。预期的收益可能是提高的生产力、提振的员工士气和减少的差旅费。

$$关注实施 + 影响力度 = 实现收益$$

**图 17.1　实现收益方程**

同样重要的是,继续让人们对他们做出的承诺以及他们一开始就同意扮演的角色负责。我俩都看到人们对待多元化与包容性计划实施的承诺并不像他们对待业务其他方面的实施承诺一样严肃。他们竭力在最后期限前完成工作,没有达到相应的影响水平来支撑行动转化为收益。尽你所能提供帮助,但是,不要为别人的承诺或不作为担责。如果你这样做了一次，他们在接下来也会等着你继续如此。

确保帮助你收集数据和所需信息的相关部门/人员知道你的截止日期以及你打算如何处理这些信息。他们很可能会帮助你进行分析，并确定预期的利益已经实现了多少。

> X 公司每隔一年进行一次员工调查（期间人员波动较少），在调查中有一些关于包容性的具体问题。此外，在调查结束处他们设置了一些人口统计学方面的问题。根据地理区划的不同，可能会问员工的种族、性别、性取向和宗教信仰的问题。最近，他们又增加了一个问题，询问员工他们的工作是否灵活（不包括合同规定缩短的工时）。这不仅给了他们跟踪进展的方法，还能将员工敬业度高低和他们的工作灵活性关联起来。他们的调查发现，相对对灵活性问题作出不积极回应者而言，作出积极回应者工作更投入。

## 评估影响　变现收益

你现在所处的阶段是将所需要的信息汇集在一起，并能够将这些信息进行转化，显示出努力工作和对这一议程的关注所产生的影响。很可能你无法同时评估计划所有方面的影响。例如，你可能已经同意在将项目推广到整个公司之前进行试点，以确定其收益点，或者你的员工意见调查每年进行一次并须在一定时间范围内完成。这都不是问题。重要的是，你能够获得所需的信息，能够评估影响，并能够将其转化为收益。坦白地说，对影响和收益进行审查将对正在进行的工作产生积极影响，因为在公司内能对行动、进展和影响有定期的点滴反馈。

为了有效地做到这一点，首先要确保你有可靠的数据，用于你目前正在审查的影响力度。不要忘记，在评估你目前的职位时，你在这个过程的一开始使用的评估标准和收集到的数据将作为你的基准数据，让你对自己的进步有一个总体的了解。

根据用作基准数据的信息，审查你最近获得的数据并绘制差异图表。例如，如果你的一个措施是"增加候选人列表的多元化比例"，你在开始时的基准数据是什么？现在的数据又是怎样呢？

一旦你获得了这些信息，你将能够看到是否发生了任何改变。但愿在本例中，你会看到候选人列表多元化百分比已显著增加。

在这个阶段，是时候将这些信息转换为业务收益了。理想情况下，这应该是和一些早已参与这项工作的人讨论并实施。这样做的好处是，你可以获得别人的视角，而这可能会凸显一些你之前没有考虑到的事。

如果我们继续上面的例子，增加候选人名单的多元化百分比，结果的差异将使你能够考虑以下的一些收益，例如：

- 这些职位中有多少是为多样的个体提供的？
- 通过面见和面试多样化的求职者，招聘经理的看法发生了怎样的变化？
- 你与未来的潜在候选人建立了多少新联系？
- 这对你的人才储备多元化有什么影响？
- 在这个阶段，这能否转化为对财务收益的影响？
- 这会对公司和品牌的外部形象产生什么影响？

正如你所看到的，这些收益并非有数值上的反应；然而，重要的是你要从尽可能宽广的角度思考和阐明这些收益。考虑到的利益范围以及你的评估范围越广，对利益相关者的影响就会越大。

为了支持你对商业收益及如何变现收益的思考，让我们来看看一些大型公司讨论过的案例：

**花旗集团（Citi）** 创建了一个"产假项目"，旨在提升部门经理如何支持休产假女性员工的技能。女性员工返岗率在 3 年内从行业的 70%平均水平升至 97%。

**摩根大通（JP Morgan）** 为 56 名少数民族员工创建了一个扶助项目。在 6 个月的时间里，20%的参与者业绩得到改善，12%的参与者获得晋升。

**普华永道（PWC）** 确保所有合伙人在做出合伙人晋升决定之前，都接受过"无意识偏见"教育。2014 年，晋升至合伙人级别的女性比例达到 40%，而 2012 年仅为 21%。

**国际商用机器公司（IBM）** 通过在全公司推行弹性工作制，每年节省了大约 1 亿美元的物业成本。

**英国电信（BT）** 鼓励更多召开会议和视频通话而不是出差的方式，平均每年节省 1200 万升燃料。这既节省了成本，又有利于他们获取绿色环保证书。

## 继续改进

一旦你完成了以上的操作，开始看到你在多元化与包容性之中工作获得的影响和收益，继续保持这种势头就很重要。这将是行动、沟通、持续的行动影响审查及公司业务收益的结合。

然而，对一些人来说，影响力度可能没有朝着正确的方向发展，或者你所确定的行动没有得到你想要的收益。不要把这看成是失败,把这当成一个学习的机会,一个审查下一步步骤和工作重点的机会。

以下是举例说明你在这个阶段应该问自己和别人的问题,以此当作一个反思的机会:

- 计划是否如预期实施?
- 这些行动一开始就是正确的吗?
- 公司内部是否发生了能够影响措施执行的变化?
- 影响力度量/时间表的实施计划是否过于宏大?
- 公司和影响变革的人做出的承诺是实在的吗?
- 如果我们再来一次,会有什么地方的做法不同吗?

对这些问题的回答将帮助你认识到,为了变现你许下的收益,未来可能需要改变什么。

近年来,你可能也看到越来越多的人关注多元化与包容性的"投资回报"(ROI)元素。对于那些有培训和发展背景的人来说,你会知道,在某些情况下,直接与企业利润建立联系是多么困难。例如,通过领导力发展,你可以直观地知道它改善了业务成果。当然,如果你能展示其财务投资回报率,那就太好了,你也在本书一些例子中看到了这一点。然而,有些联系更加微弱,例如,多元化与包容性意识培训的影响超出了参加和享受培训者的范围,或也超出提振的士气与企业利润的直接关联。

正如你所看到的,评估计划的影响以及决定在这个议程中要做的工作需要一个公司进行仔细考虑。许多公司确实陷入了这样的陷阱:认为这并不重要,或者认为一旦开始实施计划时,问题便会迎刃而解。我们的建议是在一开始就把你的衡量标准商定下来。

知道你的目标是什么,也知道你要如何评估它。如果你不去评估它,你怎么知道它有多成功,未来的重点在哪里。从长远来看,在一开始就花时间去解决这个问题将会获得回报,我们不要忘记那句古老的格言:"你评估什么,什么就能做好。"

## 本章五大要点

- 从一开始就要明确你将如何评估多元化与包容性战略的影响。
- 灵活评估不同地区的影响——并非所有的评估方法都能在所有国家得到一致应用。
- 考虑如何为员工制定个人评估标准——如何让他们都负起责任?
- 与他人合作,将你在评估上取得的进展转化为实实在在的组织盈利。
- 同时评估"做什么"和"怎么做"。

# 融战略于文化

为不断改进而非完美而奋斗！

——金·柯林斯　运动员

本章中,我们聚焦与持续改进以及如何撬动整个公司的成功。我们还将考虑外部奖励和扶助人在将多元化与包容性融入企业文化过程中承担的角色。

进入融战略于文化阶段是公司已经取得良好进步的明晰指针,多元化与包容性战略的影响更加明确和容易辨识,你也将很快能收获其成果。然而,若在这个阶段你未能恰当转变文化,就也可能使你部分的辛勤耕耘付诸流水,或者让你的努力仍被视为额外的举措而不是你的公司所代表的一部分。

这个阶段是你的工作从一个项目转变为"一种工作方式"的阶段,多元化与包容性融入到了日常的人际互动和业务流程,是公司如何运营和如何思考其未来业务计划的可持续工作方式。

## 立足变革,不断完善

我们都知道,世界在不断变化和发展。定期审查业务计划,以确保计划符合发展宗旨,并会继续为公司带来收益,这与多元化与包容性的议程没什么不同。

许多公司都说过,他们的重点是将多元化与包容性融入各部门中以及所有的实践和流程中。这是知易行难的。

将多元化与包容性嵌入到你的实践和流程中并不意味着工作已经完成,多元化和包容性将自然而然地发生。它的真正含义是,组织中的每个人现在都在某种程度上负有责任,并对自己所扮演的角色中确保多元化与包容性持续融入其工作职责。

问问自己这些问题,以了解多元化与包容性在你的公司中已经根深蒂固或还是正在步入正轨:

- 你在高级领导人身上看到了哪些具体表现?多元化与包容性是否影响了他们的表现?高级领导人表现出了包容性榜样的样子了,或是还需进一步工作?
- 多元化与包容性是否已嵌入到现有的业务实践和流程中,例如在常规工作报告中的体现?你能清楚地看到这在何处造成了影响吗?如果没有,你会有什么不同的做法?
- 员工如何谈论平等、多元化与包容性?他们将此视为日常工作的一部分还是额外附加的部分?

当将多元化与包容性嵌入业务中,以获得可持续的影响时,不仅要审查什么是已经存在的,重要的是考虑如何将其嵌入到未来的业务优先点中:

- 为了确保从一开始就嵌入多元化与包容性思维,需要对业务中的哪些新实践和流程进行审查?
- 在接下来的 12 个月里,你应该注意和利用的业务优先点是什么?
- 你应该继续与哪些企业的领导者/利益相关者建立关系,以确保多元化与包容性思维融入到所有未来的活动中?

多元化与包容性理念融入组织的商业和文化并不是一次性事件。持续地与不同的团队和不同级别的员工保持联系对于确保多元化与包容性始终处于领先地位是至关重要的。因此，在做出任何进一步的改变或调整之前，公司都会自动考虑该理念，而不是像过去那样将其视为一个附加组件。

将多元化与包容性有效地嵌入业务的一种方法是创建一种"持续改进"的心态。改善（Kaizen）是比较流行的方法之一。

改善（Kaizen）是一种改进过程，它可以关注一系列的业务问题，包括质量、技术、过程、公司文化、生产力安全和领导力。如果做得好，它就能创造一个机会，让每个员工都参与到识别和实施持续改进方法的过程中，从而在整个多元化与包容性过程中提高员工的敬业度。

该理念背后的原则是鼓励每个人定期确定小的改进建议。在大多数情况下，这些都不是针对重大变化的想法，而是会随着时间产生更大影响的小增量变化。

起源于日本的改善（Kaizen）观念是：

"做得更好，变得更棒，即使没有突破，也要改进它，因为如果我们不这样，我们就无法和那些这样做的人竞争。"

今天，它得到了全世界的认可。作为一个公司长期竞争战略的重要支柱。改善（Kaizen）有很多指导性原则，包括：

- 好流程带来好结果。
- 采取行动遏制和纠正问题的根源。
- 团队合作。
- 改善（Kaizen）是每个人的事，每个人都参与改进。

- 长期积累的小变化可以带来大成果。

当将改善(Kaizen)原则融入公司,你永远不能说你已经完成了,它更像是一种工作方式。公司和员工实践以及流程都是不断变化的,这就是你需要人们意识到的他们的角色,以确保你不断地将多元化与包容性嵌入公司的各个部门及所做的一切事务中。

## 在公司中充分利用进步,庆祝成功

任何一种文化的改变都需要时间才能变成日常活动。如前所述,当它开始嵌入到日常活动中时,就更容易实现。另一种鼓励持续变化的方式是承认和庆祝所取得的成功和进步。

有许多方法可以做到这一点,无论是公开的还是私下的,而实现的方法实际上取决于如何在你的公司内认可其他领域的成功。从内部角度看,一些公司已将多元化与包容性纳入其内部奖项及其他嘉许计划内,表明多元化与包容性已成为员工良好绩效的日常期望。

一些公司通过绩效管理程序来认可他们的成就,这一点在"评估影响"一章(第17章)中有更详细的讨论。我们都见过经验丰富的组织将多元化与包容性纳入个人绩效考核,在考核中,员工对议程的贡献要么得到认可,要么受到惩罚。

夏洛特曾与一家公司合作,在那里,支持多元化与包容性的实现被视为每个人角色的一部分。如果你无法证明你为创造一个更具包容性的文化所做的贡献,你的整体绩效评分和奖金就会降低,绩效反馈也会记录在案。这不断地传递出一个信息:不管职位高低,多元化与包容性都是每个人角色的一部分。

相比之下弗勒曾工作过的一家公司创建了一个数额很大的"奖金池"分发给那些除了完成日常工作外,还积极推动多元化与包容性工作的员工,例如运营一个员工交际网。这传递了一个信息:尽管多元化与包容性很重要,你也会因你对此的贡献得到回报,但这只是对你角色的补充,而不是对你日常工作的期望。

利用进步和庆祝成功也意味着在整个组织中分享良好的实践。从本质上讲,这可以通过将人们聚集在一起,分享他们的学习要点和经验,还可以鼓励其他人考虑他们可以做些什么和作什么调整去适应他们各自的业务。关键是要为员工创造聚在一起分享的机会:

- 他们做过了什么。
- 所产生的影响。
- 如果他们再做一次,会有什么不同。

## 奖项

公司之间最感兴趣的领域之一是如何通过多元化与包容性与更广泛的市场建立联系。许多人热衷于描述他们正在做的事情,以及这对他们的公司产生的积极影响。这也使他们能够提升自己作为一个开明雇主的形象。这还是一个用来增加你对别人在做什么了解的好办法。然而,其挑战在于如何在市场认可,即外部世界如何看待公司与员工个体在公司内的日常角色中实际经历之间取得公正的平衡(见图 18.1)。

图 18.1　外部感知与内部现实

夏洛特称之为"外部感知与内部现实之差距"。所有公司都面临的挑战是,外部对公司的看法如何体现在员工看到和感受到的日常行为和行动中。如果现有员工阅读了你的宣传资料,他们会认出这是他们工作着的同一家公司吗? 如果他们读到你获得了备受瞩目的多元化与包容性最佳实践奖,这是他们在公司内部亲眼目睹或有所耳闻的吗?

如何通过现有的基准和章程、从外部的角度来认识进步和成功,我们在前面(第 6 章)分享了一些观点。与基准类似,与多元化与包容性相关的奖项有可能强化公司品牌,并将公司定位为勇于创新者和市场引领者。它可以为你的内部利益相关者带来更大的动力和更高的士气,帮助保持动力和对多元化与包容性的持续关注。

在撰写本书时,纽约和伦敦之类的地区实际上已经被各种奖项充斥,而且似乎还会定期推出新的奖项。有些奖项是按行业或国家分类的。他们可能是奖励某一公司首倡的项目,表彰某一榜样或有影响力的人物。有些奖项前面冠以"欧洲"一词,有些奖项甚至被誉为"全球",但在我们看来,有些奖项质量可疑,严谨度低或内部一致性弱。对任意一个公司而言,其所面临的挑战是,如果所有的竞争对手都在获奖,那么你自己的领导团队很可能会开始质疑,为什么他们管理的品牌不在榜单上。

有些奖项的质量面临的挑战往往是:(1)提名程序;(2)评审的透明度。我们都参加过一些评审团,对幕后发生的事情相当了解。以英国的"社区商业奖"(Business in the Community,BiTC)为例。评审程序由专业人士管理,参赛作品须经过以下几个阶段:(1)盲审。评审人员不知道提名作品来自谁;(2)邀请组织/个人向评审作介绍或接受面试。

评审团由三名在该领域有知识和经验的独立人士和一名正式观察员组成,他们的作用是确保给每位候选人一致的时间和问题。每个小组成员必须根据详细的指导对每个候选人的答案进行评分。

然后讨论每个小组成员的评分,目的是就获胜者达成共识。之后,所有参赛者都会得到反馈,让他们可以从整个过程中学习。

在天平的另一端,弗勒曾经评判过一个奖项,她没有机会和其他评委说话。她收到了20多份不同长度和质量的参赛作品,其中一些显然是由颁奖组织自己写的。她被告知给每个人打分,从1分到20分,然后在她提交分数后便没有听到任何信息。难怪许多真正的参赛者在颁奖晚会结束时大失所望,觉得赞助人和颁奖组织者之间有很多"有猫腻"的活动,在这个过程中完全没有透明或公平可言。

不幸的是,尽管很多奖项都有良好的初衷,本着提高有影响力人物的形象、成为伟大榜样的目的而创设,很多奖项的清单最终是被拼凑起来的产物,由一群"同伙"来评判。这一过程无疑增加了让偏见渗透到整个过程的可能性,而因为有"投桃报李"的想法存在,人们考量这类事情时可能会认为这个做法是可以原谅的。

有一种奖项设置方式开始受到欢迎，尤其是在英国的多元化与包容性领域，这种奖项需要人们投票来决定。这是一个很好的方式来宣传奖项提名度，增加奖项品牌知名度和扩大关注度。然而，如果你被这样的一个奖项提名，但没有一个广泛的网络投票给你，或者你不是抛头露脸给自己拉票的这种人，那么无论你有多么的优秀，你都处于劣势。

我们的言论可能听起来有点愤世嫉俗，但我们多年来一直专注于这一领域，我们通常能够分辨那些真正认可榜样力量、分享最佳实践，引领行业变革的奖项。有些奖项非常强大，绝对值得参加，但在参与之前一定要做好功课。

在你决定参与一个特定的奖项之前，你需要考虑的领域包括：

- 不要做任何缺乏证据支撑的事情。为了使奖项可信，你应该能够用事实性数据和信息来支持你提交的材料。
- 赢得了外部奖励的工作内容会得到员工的内部认可吗？
- 考虑奖项评审公司的可信度。如果他们认可你或你的公司，这会被视为一种荣誉吗？还是他们在这方面是缺乏真知灼见的？
- 不要随大流。参与一个特殊的奖项是否会支持你的总体愿景、多元化与包容性战略以及实施计划的实现？例如，这种认可会增加内部支持度和参与度吗？
- 如何利用参与奖项的过程来思考如何继续将多元化与包容性融入公司文化？例如，你能不能邀请那些对颁奖过程持怀疑态度的同事来参加颁奖活动，以便他们更好地了解与竞争对手相比，你的表现是多么好？

# 赞助

另一个从外部提升公司形象的机会是某种形式的赞助。这些赞助机会可以有多个不同的形式,有多个不同的价格标签。也许你应该问的第一个问题是,你的参与最终将如何支持你的愿景、多元化与包容性战略以及实施计划的实现。

绝大多数的赞助机会都需要财务的付出。在某些情况下,你能为某一项目提供支持。例如,在你的大楼中提供会议室的使用、提供最终报告的内部打印机会、承办一个发布会或承办一个给你几个课程参与名额的培训项目。

并不是所有的多元化与包容性预算都有参与赞助的机会,但若是有机会,这可能也是一个很难决策的问题。有些时候,有人游说你且公司也与之相适配。例如,如果你是一家建筑公司,一家咨询公司想要对如何有效吸引女性进入该行业进行一些研究,而这恰好也是你的首要任务。另一个例子可能是个颁奖典礼,它有一个专门的奖项针对"零售业中的女性",这是你所在的行业且恰好你当前的主要目标是在外部建设你的品牌声誉。

我们现在还记得,在多元化与包容性实践早期,有大笔钱花在了赞助上——有段时间的感觉似乎是公司找到了最简单的展现他们对多元化与包容性投入度的方式:开一张大头支票。我们那时看到(现在仍能看到)连续多年的赞助项目,比如一份为期三年的慈善颁奖晚宴赞助协议,多元化与包容性会议上头条信息赞助人,非盈利公司多元化与包容性的白金会员赞助(这还能让你在董事会获得一个席位)。所有这些都是互惠互利的,只要你清楚自己的动机,并且相信自己创造的外部感知反映了员工的内在现实。

在考虑赞助时需要考量的几点，包括：

- 考虑你计划赞助公司的可信度。这会被视为一种良好的伙伴关系吗？他们的品牌和工作质量是否有良好的口碑？
- 赞助将如何支持你的总体愿景、多元化与包容性战略和实施计划的实现？如果这些都没有真正的好处，那你为什么要考虑这些呢？
- 如果你成功地获得了提供赞助的机会，这种合作关系能说明你在公司内部致力于实现的什么目标吗？它是一致的吗？当员工们发现这些赞助关系时，他们会感到惊讶吗？其他主要利益相关者如何看待这种伙伴关系？
- 还有谁是赞助者？例如，你是与竞争对手一起赞助，还是能获得独家赞助权？
- 你对所赞助机构的行为有多大影响？例如，你不想把钱和你的名字投到一个会议上，却发现与会者寥寥无几。
- 你的品牌和员工的价值是什么？例如，也许你的首席执行官被邀请演讲、你的标志被包含在颁奖手册中，或者你被邀请成为一名评委。

通过赞助在外部使用你公司的品牌和你该事物的承诺是重要的一步。如果你在任一阶段觉得不确定，请与你的同事、指导小组或其他管理小组交谈，获得他们的想法和观点。不管赞助的机会看起来有多好，如果你没有内部的支持，你就不能变现它能真正给你带来的好处。

## 本章五大要点

- 嵌入多元化与包容性不仅仅是一个离散的一次性活动。你需要不断地寻找将它们融入日常业务的机会。

- 鼓励其他人在回顾自己的职责范围时考虑如何采用持续改进的原则。
- 从一开始就确定你将如何使其在整个公司中获得成功——你能如何分享和推广优良实践、鼓励公司其他人考虑如何其部门内引入这种方法。
- 确保多元化与包容性整合到内部奖励机制中，如绩效管理或内部认可奖励，并清晰地阐明成功标准。
- 从战略上考虑你如何利用奖励和赞助机会——它们将如何支持你的战略和实施计划的实现，以及提升你的内部形象。

# 用多元化与包容性撬动市场

**客户对你的认知便是你的真实情况。**

——凯特·查布里斯基　商业顾问

当企业开始利用多元化与包容性撬动市场时,它就成为了一个主要指标,用来表明企业真正将多元化与包容性视为一项业务要求,而不仅仅是人才管理战略的一个重要组成部分。在这一章中,我们将着眼于供应商多元化在更广泛层面的战略中所扮演的角色、如何向多元化的消费者群体进行营销,以及如何考虑为他们创造合适的产品和服务。

有很多原因使你将对多元化与包容性的注意力转移到外部,时机很重要。如果你自己的项目还处于起步阶段,你真的不应该在市场上谈论多元化与包容性的价值和影响,更不应该其他公司提出要求。特别是,正如上一章所讨论的,如果你这样做了,就意味着你的员工将开始在市场上看到你,但你所说的、所做的却没有在公司内部产生共鸣。

正如我们在各个章节中所提到的,你需要考虑你的品牌——你对消费者、客户方和潜在员工的吸引力。你需要开发能够吸引最广泛消费者群体的产品。因为你所做的工作而被认可总是好的,但是就像英国人常说的,在你能走路之前不要尝试跑步。我们听过了太多会议上的讲话,我们能清楚演讲者所分享的是他们公司中的愿景,还是他们公司真实的情况。

我们最关心的是能够创造机会,为有关方召开活动,分享最佳做法,并在可能的情况下共同推动议程。这方面的一个例子是2014年夏天弗勒主持的一个智库活动。她邀请了一些其他公司,请他们花半天时间讨论将LGBT议程推向全球的影响。在此基础上,他们提出了一份思想领导力报告,指出了将全球议程的八种方式,涵括政策层面到实践操作的各个方面。这一活动是在一个网络直播活动中发起的,该活动旨在纪念"国际反同性恋日"(IDAHOT DAY,国际反同性恋、跨性别和恐双症日),全球有1000多人参加了这一活动。

## 供应商多元化(推动包容性采购)

供应商多元化通常不是公司在多元化与包容性项目开始之初需要解决的首要议题。也就是说,除非你的公司在推销业务时,潜在客户在其商业文件中越来越多地提出供应商多元化问题,如"采购请求"(RFPS),才需要涉及。弗勒记得几年前在英国电信参加过一个供应商多元化研讨会,并和一个代表工程公司参会的人交谈。这家公司原本没有把注意力集中在多元化与包容性上,但他们计算出,如果他们不能在采购请求中回答相关问题,他们将无法开展业务,这可能会导致数百万英镑的潜在损失。对他们来说,这是他们关注多元化与包容性的初始且清晰的商业理据。

供应商多元化的目标,是为那些没有得到足够关注的人群所拥有和经营的企业提供同等机会,让他们能够与其他,往往是规模更大的,供应商同台竞争,提供优质产品和服务。这有助于公司扩大其采购目标,并为其业务和经济增长提供一个更可持续的未来。少数族群拥有的企业通常被定义为由视为少数族群的个体或多人拥有并管理超过51%以上股份的企业。环境信息管理论坛(EIM)2011

年的研究发现中小企业（SMES 中小型企业）最关注的三个方面是：

- 接触国际客户的机会。
- 会见其他情况下无法会见的客户/合作伙伴的机会。
- 增长如何进入新市场知识的机会。

有一些公司能够认证企业为少数族群所有，然后将这些企业介绍给企业成员——这些公司有 WEConnect international（英国、加拿大、印度、中国）、少数民族供应商发展委员会（澳大利亚、加拿大、中国）、全国 LGBT 商会（美国）和 MSDUK5（英国）都成功地做到了这一点。

中小型企业举办工作论坛，主题包括如何与跨国公司做生意及如何有效使用社交媒体。他们还举办论坛来"与买家见面"，并提供网络机会，支持中小企业与更大的公司开展业务。

## 玛吉·贝瑞（Maggie Berry）
## WEConnect 国际公司欧洲执行总监

供应商多元化在欧洲仍处于起步阶段，但在美国，它已经牢牢地嵌入了商业议程。我们的企业成员——主要是总部位于美国的大型跨国公司——希望在全球范围内复制他们在美国与供应商多元化的企业合作的方式，以便能够在所有业务中享受同样的利益。

"本质上，这是为了确保多元化的企业在供应链中得到适当的代表。在 WEConnect International，我们的重点是由女性控股、管理和控制的企业。我们的作用是构建那些由妇女拥有的企业与寻求购买某种产品或服务的公司之间的桥梁。

我们认为,与可持续发展或保护环境一样,拥有一个更加多元化的供应商基础是一项商业任务。简单地说,它促进了当地的经济发展:如果你投资当地的企业,你就创造了就业机会和财富,人们就可以把这些钱花在你的产品和服务上。扩大供应商基础还可以降低风险,鼓励创新和新想法。

过去几年,我们看到采购内部出现了合并的趋势,一家大供应商取代了几家小供应商,但现在我认为我们看到了相反的趋势。公司想要更多地了解他们的供应商——他们的资质、他们的精神、他们做生意的方式。

当然,他们也有动机去做正确的事情并且让别人看到他们在做正确的事情。多元化不仅仅是指员工的多元化——负责任的商业实践意味着寻找机会在每个领域创造公平的竞争环境。与妇女拥有的企业合作符合所有这些条件,这是一个提高认识的问题,使这些供应商更引人注目,使他们更容易获得投标机会。

对于潜在的供应商,有一些障碍需要克服。一是规模,包括妇女拥有的中小企业在内的大多数中小企业都是微型企业。这影响到各种各样的事情——他们走出去并赢得新业务的能力,他们扩大规模以满足更大合同要求的准备和能力,以及他们对企业采购过程本身的准备。我们能够通过给他们提供指导和网络机会等提供支持。通常,采购的公司也会提供针对性很强的培训和支持。

我认为未来供应商多元化是企业将被适当追究责任,并需要报告的商业实践的另一个方面。我们现在离这个目标还有一段距离。与此同时,企业社会责任的其他领域也取得了巨大进展。现在,企业公司真的应该扪心自问:我们在做什么来支持不同的企业?我们是否为中小企业提供了成长的机会?我们是否鼓励赋予妇女经济权力?

在尝试引入供应商多元化的概念时，你可能会遇到阻力。原因通常是你要求该专业的功能性所有者潜在地增加与之合作的公司的数量。这通常与他们将首选供应商列表减少到可管理的最小值的策略相冲突。

根据我们的经验，从哪里着手解决供应商的多元化问题是非常困难的。我们的建议是从创建一个试点项目开始。第一步是回顾你的所有业务功能，并选择少数可以接受这个概念的。他们感兴趣的原因可能有很多，比如他们致力于这一议程，希望更多地参与其中，或者他们看到，如果他们是早期采用者之一，很快就能实现商业利益。

在弗勒经手的业务中，她选择了负责印刷、招聘和培训的业务部门。在获得领导层的认可后，弗勒与 WEConnect International 和 MSDUK 紧密合作，举办各种活动，让部门主管会见可能与他们有业务往来的中小企业。活动的计划是：

- 向中小企业介绍公司的采购流程。
- 着手确认并理解中小企业面临的挑战。

例如，作为采购过程的一部分，中小企业每年必须有最低的财务周转率，这对于小公司来说通常是不现实的。

## 面向多元化消费群体的营销

与供应商多元化议程类似，当公司关注多元化与包容性时，营销并不总是排在议程的首位。不幸的是，对许多人来说，他们并没有抓住这个机会，因为做好这件事不仅会对潜在的消费者和客户对你产生积极的看法，还会对那些未来可能成为你雇员的人产生积极的影响。

　　了解多元化与包容性影响的营销人员知道，他们必须开发一种不同的沟通方式、不同的风格和渠道的组合，以接触到构成他们市场的各个不同群体的人。和许多其他准则一样，并不是所有的营销部门都明白这一点。

　　夏洛特还记得，她曾与一家大型公司的营销团队合作，该团队表示："我们的产品面向大众市场，因此我们不必有特定广告。"夏洛特经常想知道，如果它们是为不同的消费群体而做的，会产生多大的影响。

　　将营销纳入更广泛多元化与包容性战略，公司这样做的原因通常有很多，包括：

- 他们相信他们在外部市场上的形象会影响到他们能够吸引和雇佣谁。
- 他们相信多元化与包容性在公司的每个部分都有一席之地，因为他们渴望将其嵌入到所有实践和流程中。
- 他们意识到不同群体的价值，例如，同性恋（LGBT）群体的可支配收入被称为"粉红英镑"（pink pound），女性养家糊口者，以及 60 岁以上人群的"银元"（silver dollar）。
- 他们知道支持和推广不同的社区可以对他们的品牌产生重大影响，并增加市场上"品牌拥护者"的数量。

　　让你的公司参与到多元化的市场营销中最初可能是一个挑战，因为它往往比通过一个更广泛的大众营销策略成本更高。要有效地做到这一点，通常需要额外的研究来确定哪些细分市场值得追索及其原因。它们需要创造更多个性化的营销材料，以适当的个性化方式针对每一个目标群体。它们还需要更有针对性和影响深远的推广过程,以方便和有效的方式向该市场推广产品和服务。

有许多例子表明,企业采纳了多元化与包容性的原则并将其置于营销的中心后获得明显的回报。比如:通用磨坊公司(General Mills)在美国播放了一则麦圈麦片粥的广告。剧中有一个混血家庭——白人母亲、黑人父亲和混血女儿。这则广告在接受电视分析公司 Ace Metrix 调查的所有观众中都很受欢迎。这是一个典型的例子,一个公司抓住机会与他们的营销描绘的人接触。这几乎没有额外的成本,因为营销团队将多元化与包容性嵌入他们已委托制作的广告中。

另一个例子是汇丰银行,我们在"偏见与无意识偏见训练"一章中也提到了汇丰银行(见第 9 章)。多年来,他们的营销口号"世界地方银行"强调了世界各地的文化差异。他们的许多营销活动在国际机场以及通过电视活动占据了显著的位置。在一段时间内,他们的视觉宣传采用了相同的形式——展示同一幅图片两三次,每幅图片下面都有不同的说明文字,强调了一个事实,即我们对世界的不同看法取决于我们所处的位置和经历。

遗憾的是,我们仍然经常看到市场营销中的刻板印象,而这显然不在公司的关注范围之内。我们经常看到零售商展示女孩玩着玩具厨房和男孩玩着自卸卡车的照片。更糟糕的是,我们看到的全是白人家庭,妈妈系着围裙,爸爸拿着公文包,没有任何迹象表明有些家庭有两个妈妈或两个爸爸。

2013 年底,《卫报》(The Guardian)报道了压力集团"让玩具成为玩具"(Let toys be toys)的活动,以及消费者开始要求终止商店里具有性别针对性的玩具包装和促销活动的进展。活动的目标之一是玛莎百货(Marks & Spencer)公司推出的一系列名为"男孩玩具"

的玩具,其中包括飞机、汽车、恐龙和一个弹出式消防站。后者的描述说:这个弹出消防站适合任何地方的"小小男子消防员",同一系列内手表的描述是:每个男孩都应该拥有完美的手腕配饰,以及一本笑话书,上面写道:"男孩知道的最好笑话,这里有 500 个,让你遥遥领先女孩们"。玛莎百货(Marks & Spencer)迅速做出回应,同意在 2014 年春季之前实现所有玩具的中性包装。

写作本书期间,弗勒自己来到一家著名的儿童玩具和服装店,拍了很多包装的照片。其中一幅是一个小男孩在玩一个木制车库,另一幅是一个小女孩在玩她的便携式清洁手推车——这还需我们多做阐述……

我们相信,你可以举出世界各地的其他例子,来说明一家公司在营销中是否考虑过多元化与包容性。无论你的公司从市场营销的角度多么关注这一点,我们都建议你采取以下几个步骤:

- 与你的营销团队进行初步讨论,了解他们的策略是什么,以及多元化与包容性是如何被考虑和贯穿其中的。
- 审核你的消费者/受众的人口统计数据。与你的营销团队合作,了解未来的人口趋势。这些如何影响你未来营销活动的内容?
- 考虑公司关于多元化与包容性的关键信息如何影响营销活动。

## 为多样的消费者群体创造产品和服务

与营销要素密切相关的是,一个公司如何利用多元化与包容性能够提供给他们的洞见和信息,通过商业产品直接获利。这可能是以创建一种新的消费产品的形式,对现有产品进行调整,或者采购反映潜在消费者基础的产品。

在预测人口结构的持续变化以及消费能力和可支配收入的转变时，这是公司需要考虑的一个重要因素。以下是一个关于不同消费群体消费能力的小例子：

| 女性 | 从全球来看，女性控制着大约 28 万亿美元的年度消费支出<br>女性所代表的增长市场规模是中国和印度总和的两倍。<br>他们决定着 94% 的家具、92% 的假期、91% 的房子、60% 的汽车和 51% 的消费电子产品的购买 |
|------|------|
| 婴儿潮一代<br>（55 岁以上） | 在下一个十年中，英国零售支出增长的 66% 将来自 55 岁以上的购物者，并据预测 65 岁以上者的消费将占有每 4 英镑零售支出中的 1 英镑（即占零售总额的四分之一） |
| 亚裔和少数族裔（BAME） | 2012 年英国的黑人社区的消费能力估计价值 3000 亿英镑。2013 年 11 月，美国拉美裔消费者占据了 1.2 万亿美元的市场 |
| 同性恋、双性恋及变性者（LGBT） | 从全球来看，同性恋、双性恋及变性者群体的年消费力估计为 3.7 万亿美元，仅亚洲就估计为 1.1 万亿美元 |
| 残疾人士 | 据估计，在英国残疾人可支配支出超过 800 亿英镑；在美国，这一数字估计为 2200 亿美元 |

从上面你可以看到，如果做得好，利用不同消费群体可支配收入的潜力是巨大的。这些消费者中的许多人都很有眼光，他们更愿意与他们认为理解他们、了解他们的生活方式和需求的公司做生意。越来越多的公司开始认真对待这个问题，有一些很好的例子证明了这一点。让我们来看看这两个：

英国的合作殡葬业是一个非常传统的行业。由于预期寿命的延长,他们意识到,随着对其传统服务的需求趋于稳定,有必要对其产品进行重新评估。在回顾了英国各地的人口统计数据后,他们决定将重点从以基督教为主的客户群扩大到包括其他信仰的葬礼服务。这标志着该公司传统运营方式的几乎所有方面都发生了重大变化。他们系统地对不同信仰的殡葬要求进行了解并据此完成他们流程中需要修改的部分,以使这些要求得以有效完成。例如,他们确保客户知道他们可以要求一个相同性别的人来梳洗他们已故的亲人。他们还致力于与当地社区建立关系,以真正理解他们在哀悼期间的需求。

这项工作的成果是合作殡仪业因此在多个领域获得积极成效,包括:

- 市场份额增长了 17.5%。
- 改善了与企业服务社区的联系。
- 越来越多的人知道合作葬礼护理的含义后,企业形象得到了改善。
- 增加了劳动力的多元化,商业机会也扩展了。
- 更强的品牌忠诚度。在一些社区,顾客满意度通过口碑迅速传播。

2014 年,三星电子(Samsung Electronics)在土耳其开设了一个面向聋人的视频呼叫中心,项目预计覆盖 350 万人。一段名为"Duyan Eller"或"助听器手项目"的英文宣传视频展示了一位听力障碍患者在消除所有障碍后,能如何毫不费力地与周围的人交流的情形。三星数码提供了一项手语服务,用户可以通过个人电脑或手机访问网页,获得这一服务。在服务项目的另一端是一些顾问,他们直接用手语与客户交谈。

在 Facebook 上发布视频的第一天,点击量就超过了 200 万次。到第三天结束时,浏览量已经超过 700 万。关于这对吸引新客户或对客户服务的看法所产生的影响难以了解;然而,由视频下载带来的品牌认知度就值得注意。

上面的内容并不是全面的。这纯粹是一种锻炼,通过一些具有前瞻性的公司在外部建立多元化与包容性战略时所做的例子来激发你的兴趣。我们的主要建议是你们对你们的市场做一些调查研究。你要找谁?他们在获取信息方面的偏好是什么?他们对哪些频道进行评级?他们最看重什么?当然,你不会得到一个明确的答案,但你会对如何以及在哪使用你的投资"资金"有一个有价值的见解。

## 本章五大要点

- 在你的业务中引入供应商多元化的概念时,从小处着手,这可能看起来势不可挡。
- 明智地花时间与你的领导团队一起考虑供应链多元化的影响。做好变革的准备,尤其是当他们唯一的激励因素是降低成本时。
- 与你的市场营销部门紧密合作,分享你对非多元化情景影响的知识和洞见——分享如何使部门更多元化的案例。
- 用市场细分潜力的事实和数据武装自己——随时准备着宣扬销售前期投资的好处。
- 花时间与消费者产品和服务的研发团队共处——考虑你能如何帮助他们提高多元化与包容性的知识和意识。

# 未来展望

疯狂就是一次又一次地做同样的事情，希望得到不同的结果。
——阿尔伯特·爱因斯坦　理论物理学家

本书中，我们一直专注于如何实现可持续的变革，以真正创建我们都在为之努力的多元化与包容性公司。然而，我们现在所做的在未来不一定是正确的。在未来，颠覆性创新将继续增加，并可能出现一种全新的方式，来应对各种被技术取代的传统角色。在安永2015年12月关于银行业人才转型的报告中，提醒我们，我们将看到的技术创新的一部分是机器人的使用。现在这可能会引发有关多元化与包容性的有趣讨论！

本书的大部分内容都是关于推动变革、以不同的视角看待职场、改变政策和流程，但这些都不是一次性的活动。我们需要不断地展望未来，评估前景，思考悬而未决的立法、不断变化的人口结构和技术创新的影响。

所有这些都说明，回溯迄今为止的发展，多元化与包容性领域的变化总体而言是缓慢的，我们对未来的某些预测可能需要较长的时间来逐步演进。夏洛特还记得2001年在英国做过一次关于"老龄化定时炸弹"的公开演讲，演讲内容包括老龄化定时炸弹在2015年对企业的影响，以及企业应该如何应对。2015年，她被邀请就同一个话题发表演讲。她的开场白是，鉴于公司应对人口老龄化问题的步伐如此缓慢，我已决定与你分享我在2001年的演讲。我们所面临的挑战和我们应该采取的行动是完全一样，只是我们没有做它。

本书之前的内容中,我们分享了一些正在成形的大趋势。在这一章中,我们考虑到了这其中一些信息,以及一些我们在前瞻性公司中看到的趋势。我们不会详细讨论这些;然而,这是一个值得思考的问题,可能会帮助你以稍微不同的方式思考你现在面临的挑战。

## 改变着的人口结构

影响许多地区的一个主题是不断变化的人口结构。我们这么说的意思是,世界各地的人口正在发生怎样的变化,以及你可能工作的地区和国家的人口变化。这些变化将以某种形式影响到每一个公司,从公司如何吸引和留住未来的员工,一直到公司的客户群可能需要的产品和服务。

在本书撰稿之际,我们正处于难民危机之中。统计数据显示,2015 年,欧盟成员国收到了 120 多万份首次申请庇护的难民,这个数字是前一年的两倍多。2015 年,德国、匈牙利、瑞典和奥地利接收了欧盟约三分之二的庇护申请,其中匈牙利、瑞典和奥地利是人均接收庇护申请最多的国家。各公司已经在帮助重新培训和安置新公民的计划中作出回应,但这些人口结构变化的影响将是深远的,因为我们在支持难民适应他们的新文化,同时在某些情况下,也在帮助我们自己的人民欢迎他们的新邻居。

更广泛地说,普华永道(PWC)在 2015 年发布的一份报告称,到 2025 年,全球人口预计将再增加 10 亿,达到 80 亿,其中 65 岁以上人口增长最快。其中存在明显的地区差异。例如,到 2050 年,非洲人口预计将翻一番,而欧洲人口预计将减少。

其他需要考虑的预期变化包括:

- 过去 10 年,雇主派往国外工作的人数增加了 25%。普华永道预计,到 2020 年,这一比例将进一步上升 50%。
- 七国集团(G7)国家的女性已经控制了三分之二的家庭预算,男女之间的工资差距正在缩小,预计未来 10 年将有 8.65 亿女性进入劳动力市场。因此,女性的购买力将继续上升。
- 预期寿命的延长和在世界某些地区出生率的下降,将推动抚养比率上升。到 2050 年,日本的平均年龄将是 53 岁,而尼日利亚预计为 21 岁。

这样的人口统计数据将对我们在多元化与包容性领域的工作产生很大影响。除了仍然需要吸引和招募最优秀的人才,你还需要有一种文化和人事政策来支持人才的多元化需求。例如,同性伴侣的全球流动性,对拥有组合性职业生涯年长员工价值的定位,以及更多的女性能在延长产假后获得晋升。

在人口结构不断变化的背景下,以下是我们对未来可能发生的事情的一些进一步思考:

## 与中层经理联系的需要

在整本书中,都提到了高层领导在最高层创造正确基调和推动变革方面所扮演的角色。毫无例外,任何变革管理专家都会告诉你,高层对这一议程的承诺和推动是至关重要的。然而,我们认为,一个公司的中层——有时被称为"冻土层"的管理者——需要同样多的时间、精力和资源,或者可能是更多。在这一层,伟大的公司愿景往往会迷失、遗忘或停滞不前。在她的研究中(伊丽莎白·珂兰),将这一管理层称为"不愿改变的关键人物,因为他们被日常活动压得喘不过气来"。他们"被有限的决策权淹没在责任之中,训练不足,工作过度,抗拒改变"。

展望未来,必须更多地关注中层管理人员,并为他们将接受的变革创造理由。他们是那些能够实现高层期望并应对来自底层挑战的人。他们是未来人才的守门人,是企业构建可持续变革和增长所需人才管道的关键利益相关者。他们也处于成为未来领导者的框架中,现在提高他们的认识和承诺将有利于公司的未来。

要更加强调各级管理人员和领导人有效地将高级领导人关于多元化与包容性的远见和言论转化为嵌入日常活动的实际行动。还需要进一步关注管理人员和领导人如何被激励去实施多元化与包容性,这可能来自于他们获得奖励的结果,以及正确地做这件事之后,可能对他们自己的职业生涯产生的积极影响。

简而言之,中层管理人员将是决定是否以及如何在创建一个更多元化、更具包容性的公司方面实现可持续变革的决定性因素。

## 小行动,大影响

多年来,我们看到多元化与包容性领域的大量资金被用于赞助——会议、奖项、光彩夺目的晚宴、出版物和研究。我们的结论是,你可以以一种低调得多的方式取得同样多的成就。通常是较小的行动,一些所谓的"轻推",获得最大的长期影响。

我们是从玛格丽特·赫弗(Margaret Heffer)——在其著作《无法估量:微小变化的巨大影响》中的例子受到启发,逐渐形成的。在她的书中,她揭示了公司是如何用出乎意料的小步骤导致巨大改变的。当一位同事对你说"告诉我该做什么"时,你可能会感受到同事惊讶的表情,因为他听到的建议会包括积极倾听、减少工作时间的重要性以及鼓励同事在会议上分享自己的观点。这些最初听起来不像是会改变一种文化的行动，但大多数人通过日常生活中琐碎的想法和习惯的积累，可以通过加强员工之间的社会资本来创造和维持文化。

行为经济学（BE）似乎正在塑造的新形象，也证明了微小的变化可以产生巨大影响。行为经济学是对心理学的研究，因为它关系到个人和机构的经济决策过程和选择。它着眼于人们为什么以及如何做出非理性决定，以及不遵循经济模型的预测做出的行为。一些公司如英国政府曾使用行为经济学去影响那些最终将产生重大影响的微小行动。例如，他们对自己的器官捐献程序做了一个非常简单的修改，将通常的"选择加入"机会改为"选择退出"机会——即不是在"选择加入"框中打勾而是在"选择退出"框中打勾。由于人们通常不填写，这导致更多的人在不改变自己行为的情况下"选择加入"。

行为经济学建立在近年来多元化与包容性世界普遍存在的偏见主题之上。由于这主要用于影响围绕健康和财政储蓄的行为和决策，因此，这肯定只是一个时间问题，直到其他需要某种形式的行为改变的领域（如创建更多元化和更具包容性的公司）考虑和发展这一点。

## 让男性/盟友成为变革推动者

2009 年，Catalyst 引入了"男性是变革推动者"的概念，专门关注性别议程。自那以后，联合国发起了"他为她运动"，英国政府也启动了一项计划，将杰出的男性商界领袖和他们对性别平等的支持进行分类。许多颁发奖项的公司也开始设立专门为个人推动公司变革男性设立的奖项。该理念的底线是除非我们能够在领导层中与大多数人接触，通常是异性恋、白人、男性，否则我们无法实现我们希望看到的变革。

虽然我们已经用"吸引男人"作为例子，但是 LGBT 群体已经通过"异性恋盟友"来吸引多数群体支持少数群体的事业。这种模式背后的原则是，那些"有幸"成为多数派的人支持少数派的目标和愿望。他们的重点是提高平等的形象，使其成为每个人的事，我们都可以在挑战阻碍真正平等的文化规范和刻板印象方面发挥重要作用。

以下是安永对盟友角色的描述：

盟友在影响文化变革方面发挥着关键作用，并使安永成为一个让我们在人群感到安全、能够外出工作的地方。他们可以：

- 被听到！通过公开挑战贬损性的语言和行为，我们创造了一个更具包容性的工作文化和富有成效的工作环境。
- 能参与！随时了解任何内部或外部事件，并了解你的团队可以参与的活动。
- 被包容！通过分享家庭故事来营造一个开放的环境，并反过来询问你的烦恼。
- 被理解！寻求理解 LGBT 同事面临的独特问题和挑战。不要害怕说错话或粗鲁无礼——通过相互尊重，你的同事会感激你花时间创建一个可以接受的工作环境。
- 被看到！在你的桌子上展示 LGBT 明信片或贴纸。创造一个让 LGBT 的同事可以在工作场所找到支持和理解的安全的地方。

该公司的所有级别都需要这些盟友，唯一需要的是他们关心员工，员工能够与他们相处。

我们对未来的预测是，将在这一领域进行更多的工作，使那些支持各种少数群体的人更多地参与。没有广大人民的参与，我们就无法实现可持续的变革。人们将更加关注包容性，以及被视为少数群体的人在工作场所的变化将如何对每个人的生活产生积极的影响和益处。

## 多代同堂工作

人口结构的变化清楚地表明，老龄化社会将对工作场所产生影响，以及由此带来的挑战。有史以来第一次，对于大多数国家来说，五代不同的人将很快在工作场所一起工作——他们都处于不同的人生阶段，期望从雇主那里得到不同的任务。

一些更开明的公司已经开始关注多代人在工作场所以及商业产品和服务方面的影响。考虑到每个人，无论年龄大小，都将被包括在内，这个焦点将打开一个真正的机会，让每个员工都参与到多元化与包容性中来。

企业将需要考虑如何在员工十几岁和二十岁出头时吸引和留住他们，以及为那些认为工作有助于他们在 70 多岁时的身体整体健康的同事提供支持。

## 从关注单线到关注多线

差异是无限的，如果你把你的员工人群分割开来，通过单线来展开包容和参与度的工作,可以说,你正在把你自己置于失败的境地。我们经常听到研究人员争论说,女性之间的差异比男性和女性之间的差异要多得多。也就是说,你必须从某个地方开始,通常情况下,优秀女性流失率是你的着火平台(迫在眉睫的事情),而多线关注往往是你所能有的唯一考量。

尽管如此,我们预计越来越多的公司将开始考虑多元化与包容性的多维方面。例如,你如何与你的黑人女同性恋群体打交道,或者你如何支持你的跨性别毕业生?未来几年,人们将更加重视理解个人多维特征的影响,调整公司对此的反应。多元化与包容性的战略和支持行动将变得更加复杂,并将更多地关注于这些方面如何增强创造更具包容性环境的驱动力,而不是阻碍它。

我们将开始看到更复杂思维的其他领域,例如从把残疾仅仅看作是你能看到的表象中脱离出来。最近,一位来自某国的员工领袖告诉弗勒(安永在该国有查过 1000 员工),他们没有残疾员工。她的意思是办公室里没有明显的残疾人。关注员工福祉的公司早已在心理健康方面做着大量工作,在工作压力影响个人健康之前,寻找积极应对工作压力挑战的方法。

这将意味着真正地把人当作个体来对待,而不是把每个"性别"或"年龄"的人都归为一类,有着相同的抱负、需求和期望。如果没有开放和双向沟通的强大文化,这将不容易实现。

## 人才管道建设

随着在许多地区获得董事会席位的女性人数不断增加,有一项重点举措是确保女性的晋升渠道能够持续下去,足以满足这些更高级别职位的需求。此外,还有一种趋势是考虑其他方面的多元化。

例如,在英国,一直有关于缺乏亚裔和少数族裔非执行董事和首席执行官的辩论。在美国,最近有一项呼吁关注于让更多的 LGBT 人群担任领导职位。

在安永关于银行业人才未来的论文中,他们考虑了如何改变一个非常大、非常古老的公司文化,以便员工能够真正与未来的客户建立联系的问题。他们认为,实现这一目标的关键在于鼓励思想的多元化。银行业仍远未从性别、种族或背景方面反映出社会的构成,至少在其高级员工中是如此。安永认为,要改变这一现状,银行必须"改变让人们在职业生涯中取得进步的方式,让他们的道路不那么封闭,更具灵活性且能消除偏见"。

我们还预测,随着企业在多元化与包容性的道路上变得更加得心应手,实际上也更加自信,我们将看到更多的目标被设定在这条管道上。例如,通过猎头寻找候选人名单的多元化,这些目标将是可衡量和透明的。关于配额与目标的争论将继续,但我们都相信,就像你的业务的任何其他部分一样,你为自己想要实现的目标设定了目标,那么为什么不使用多元化与包容性……但是不要忘记这里的包容性元素。

## 提高透明度

公司治理圈内一个新兴的主题是,希望提高公司内部在一系列问题上的信息透明度——多元化与包容性正日益成为其中之一。几十年来,许多国家都有同工同酬的立法——1963 年在美国,1970 年在英国,1976 年在丹麦等,但是性别薪酬差距问题是一个相对新的焦点。

在英国,保守党在上一份宣言中承诺会要求雇员超过 250 人的公司公布男女雇员平均工资的差额。正如他们当时的首相戴维·卡梅伦（David Cameron）所说，"没有真正的平等，就不可能有真正的机会"。在我们撰写本书之际，政府宣布，薪酬信息透明度的报告预期将于2018年开始。

在美国，奥巴马总统为美国企业宣布新的薪酬透明度规则，他认为"妇女没有得到公平的机会"，而我们相信每一个美国人都值得公平，在写这本书的时候，加州刚刚通过了同工同酬法案并将于2017年9月开始为工资报告提供信息透明度支撑。

公司还开始通过企业社会责任（CSR）声明或年度报告和账目（ARA），分享部分选定的人口统计数据，一些公司还乐于在其网站上公布目标。

科技行业已经变得更加透明。当硅谷缺乏多元化成为全球新闻头条时，曾掀起一场媒体风暴。从那时起，微软（Microsoft）、苹果（Apple）、谷歌和Facebook等公司开始分享它们的人口统计数据，并公开承诺做出重大改进。

我们预计，增加透明度的趋势将继续渗透到多元化与包容性议程的各个方面，最终导致那些不认真对待这一点的公司无处藏身。

## 其他利益相关者提高期望

基于之前信息透明度领域的经验，我们相信外部利益相关者将会对你的公司正在做的事情以及你的品牌和声誉对他们的潜在影响产生更大的兴趣。

当监管公司时，投资者、养老金提供者和行业管理机构等利益相关者将多元化与包容性视为一项重要议程。2015年进行的一项调查发现,那时只有23%的投资者认为多元化与包容性对他们很重要,但是,他们也认为,今后几年的重要性将会增加。

利益相关者将开始更加直言不讳地表达他们对公司做什么和不做什么的想法。他们会越来越有信心运用自己的力量,并在他们认为进展太慢的地方提出意见,并且会越来越多地开始用脚投票,如果不认真对待这一点,就会使公司内的生活充满挑战。

## 多元化与包容性功能的构造

考虑到变化的数量以及我们对未来可能发生的事情的看法,如果我们忽略多元化与包容性在未来的角色以及是否确实需要一个专门的多元化与包容性团队,将是我们的疏忽。

从历史上看,多元化与包容性通常是人力资源/人才或企业社会责任的一部分。偶然有一两次,你可能会发现它处于战略规划部门甚至是直接向首席执行官或首席行政官(CAO)办公室汇报,但这是不寻常的。正如我们在书中早些时候所概述的那样,拥有一支过大的领导多元化与包容性的专业团队总是存在挑战,这可能会让企业认为,他们的业务可以仅凭此进行。

还有一种观点认为,当你增加所实现变革的可持续性并继续将其嵌入到所有实践和流程中时,就不再需要专门化了。

我们认为,获得多元化与包容性的专业知识绝对是至关重要的,对所有公司都是必需的。本书所概述的复杂性水平以及不断变化的世界和思想对未来的影响清楚地表明了这一点。然而,一家公司如何架设相关的构架是他们的选择,同样,一个标准不适合所有人。

理想的情况是拥有一名核心专家作为内部顾问,这名专家再与拥有不同职能/政策背景,例如奖励和招聘的人结成工作伙伴。要产生通常所寻求的影响,需要一定程度的知识和经验,这不是一朝一夕就能获得的。我们不断的挫败感是因为这一专门化职位通常给了公司中的某人,有与之相关的激情却没有技能、经验或知识。如果这是业务必须的,就像很多领导说的,为什么你要把这责任给不够格的人?

## 本章五大要点

- 我们的世界在不断变化,我们对人才的思考必须走在前列。
- 太多的企业仍然是旁观者,这意味着它们没有一支能够提供多元化思维和真正创新能力的员工队伍。
- 员工敬业度是关键,了解员工的激励因素至关重要,尤其是当你有四代人一起工作的时候。
- 任何真正进步的关键将是如何成功地让你的大多数人参与到对话中来。
- 虽然企业文化的改变应该由企业拥有和推动,但它需要来自多元化与包容性专家的大力支持,光有激情是不够的。

# 结　语

　　我相信男女平等，我相信我们要实现这一目标还有很多工作要做。你在做些什么来改变这种格局，吸引那些杰出女性，让她们能够成为我们所需的领导人？

——贾斯汀·特鲁多　加拿大总统

　　随着世界的不断适应和进化，多元化的水平将会提高并变得更加复杂。多元化是已知的，我们如何利用多元化是一种选择——我们是否专注于利用这些差异，创建一个公司，让人们能够也确实在那里纯粹基于他们的技能、知识和专业技能取得进步或者我们是否决定什么也不做，希望事情会自然发生变化。

　　在本书中，我们一直关注于如何在你的公司中创造变革，从开始你的旅程到收获真正进步带来的回报。我们已经触及了大多数多元化与包容性战略的重要领域，并分享了我们对未来几年可能出现问题的看法。我们还把重点放在把文字变成行动上，确保每一章都包括我们的一些经验，并为你们列出务实和切实可行的下一步行动，供你们考虑。

　　我们如何应对不断变化的世界和工作场所的方式也在不断演变。好的做法案例会继续研制，研究成果将继续发表，新问题和挑战将继续确认。我们如何回应这一切是至关重要的——以开放的、好奇的心态和真正想要从每个人身上得到最好回报的愿望。所有这一切的不变之处在于使用变革方法来创造真正的、可持续的变革。这就意味着要摒弃过去，把多元化与包容性视为新时代的一项业务要务。没有这一点，公司就不会兴旺发达。

就像所有的变革一样，当涉及到多元化与包容性时，工作永远不会结束。按照这本书的指导，你终会获得创造包容性文化的回报，但这并不意味着旅程就结束了。是的，在前进的道路上庆祝你的成就是很重要的，但是不要认为它已经完成了。总有一些事情要做，确保你和你的公司不断改进和学习，维持我们都渴望的可持续变化。

我们预祝你进展顺利。请访问我们的网站 www.diversity- and-inclusiveleadership.com，获取进一步的信息和内容以支持你实现可持续的变化。我们欢迎你分享你的故事，讲述你如何在创建更多元化、更具包容性的公司方面取得的进展，以及由此产生的影响。

---

### 你觉得这本书怎么样？

我们非常想听听你对这本书的意见，这样我们的出版工作才能做得更好。

请登录以下网站并留下你的反馈。

这只需要几分钟，你的想法对我们来说是无价的。

www. pearsoned. co. uk/bookfeedback

## 图书在版编目（C I P）数据

包容性领导力 / （英）夏洛特·斯威尼，（英）弗洛·波斯维克
著 ；胡凌译. — 长沙 ： 湖南科学技术出版社，2022.10
ISBN 978-7-5710-0777-5

Ⅰ.①包… Ⅱ.①夏… ②弗… ③胡… Ⅲ.①领导学 Ⅳ.①C933

中国版本图书馆 CIP 数据核字(2021)第 013619 号

BAORONGXING LINGDAOLI
### 包容性领导力
著　者：[英] 夏洛特·斯威尼　[英] 弗洛·波斯维克
译　者：胡　凌
出 版 人：潘晓山
责任编辑：汤伟武
出版发行：湖南科学技术出版社
社　址：长沙市芙蓉中路一段 416 号泊富国际金融中心
网　址：http://www.hnstp.com
湖南科学技术出版社天猫旗舰店网址：
　　　　http://hnkjcbs.tmall.com
邮购联系：0731-84375808
印　刷：长沙鸿和印务有限公司
　　　　（印装质量问题请直接与本厂联系）
厂　址：长沙市望城区普瑞西路 858 号
邮　编：410200
版　次：2022 年 10 月第 1 版
印　次：2022 年 10 月第 1 次印刷
开　本：880mm×1230mm　1/32
印　张：10.5
字　数：254 千字
书　号：ISBN 978-7-5710-0777-5
定　价：48.00 元
（版权所有·翻印必究）